ALBUM

LYRIQUE-ILLUSTRÉ

DES

SPÉCIALITÉS EN VOGUE

CHANSONS TINTAMARRESQUES, SONNETS, POËMES, ETC.

SUR

LES CÉLÉBRITÉS INDUSTRIELLES

Paroles et musique

PAR

ÉTIENNE DUCRET

PREMIÈRE SÉRIE

PUBLICITÉ   COLLECTIVE

PARIS

DANS	CHEZ
Les Cafés, Hôtels, Cabinets de lecture, etc.	L'Auteur, 64, rue de Vaugirard.

JUILLET — 1875.

627

LISTE ALPHABÉTIQUE

DES CHANSONS, POÈMES, ETC.

COMPOSANT LA PREMIÈRE SÉRIE DE

L'ALBUM LYRIQUE ILLUSTRÉ

DES

SPÉCIALITÉS EN VOGUE

VOIR LES ANNONCES

PUBLICITÉ COLLECTIVE

ALBUM

LYRIQUE-ILLUSTRÉ

DES

SPÉCIALITÉS EN VOGUE

UTILE  DULCI

AUX SOLDATS DU TRAVAIL

L'Éternel INVENTEUR, comme un vaste réseau,
Étale dans les cieux la lumière et la vie.
De l'astre qui rayonne au fragile roseau,
Il tient sous ses bienfaits la nature asservie :
Prête au Soleil ses feux, la vague à l'Océan,
A la nuit sa fraîcheur, les laves au volcan,
A l'éther embrasé la foudre qu'il recèle,
Et du *caillou* grossier fait jaillir *l'étincelle*!...

De même, il sait aussi former, de temps en temps,
Lui qui prit pour berceau la paille d'une étable
Et chez un *charpentier* voulut vivre trente ans,
D'un enfant, d'une femme un guerrier redoutable,
Un génie éclatant d'un modeste ouvrier,
Un *Empereur*, enfin, d'un obscur *écolier !*...

Les siècles ont passé, semant dans la nuit sombre
    Des pléiades sans nombre
    De sublimes éclairs !...
Les siècles ont passé, consignant au grand-livre
    Des noms qui doivent toujours vivre,
    Des lauriers toujours verts !...
Oui, chaque âge, ici-bas, a vu naître une gloire ;
Chaque époque a marqué sa place dans l'Histoire :
O civiques Martyrs, ô stoïques Héros,
Qui de l'Humanité fatiguez les bourreaux,..
Et vous tous, inspirés d'un dieu plus pacifique,
Soldats de l'*Industrie* et de la *Vérité*,
INVENTEURS et SAVANTS, cortége magnifique,
Montez du même essor à la *postérité !*...

Pareil à l'Astre-roi faisant le tour du monde,
Le Progrès marche, marche et sème ses rayons :
Ah ! pour que la récolte encor soit plus féconde,

Paix, viens, douce rosée, abreuver nos sillons ..
Assez de flots de sang ont engraissé la Terre !...
Sur ces débris fumants empourprés par la Guerre,
Arborons l'*Olivier fraternel !*... qu'à jamais,
De ses rameaux sacrés ombrageant nos sommets,
Des feux de l'avenir il préserve nos têtes,
Et garde nos foyers à l'abri des tempêtes !.

Voyez à l'horizon : *Guttenberg* et *Jacquard*,
Galilée et *Francklin*, dont la voix nous exhorte,
Font flotter du TRAVAIL l'immortel étendard...
Oui, formons, sur leurs pas, une sainte cohorte :
Et vienne enfin le jour où, dans nos ateliers,
Nous pourrons entasser, de nos mains ouvrières,
Tout le *plomb* des fusils pour *armer* nos métiers,
Tout l'airain des canons pour couler des *chaudières !*

Loin de nous donc, ô Vous qui portez le brandon,
Vils, fauteurs d'*anarchie* engendrés du démon...
Loin de nous, *Imposteurs*, dont l'infâme manœuvre
Voudrait, à coups de plume, exciter *la couleuvre* ;..
Bavards, qui de vains mots nous étourdissez tous,
Gribouilleurs insensés, arrière, loin de nous !...

Un Peuple ne vit pas de rêve et d'*Utopie*...

Mais, à Vous qui, joignant l'œuvre à la théorie,
Ouvrez aux travailleurs des sentiers moins scabreux
Et, l'outil à la main, marchez droit devant eux,
    O Mortels demi-dieux,
    L'orgueil et l'espérance
Du Genre-Humain, à Vous notre reconnaissance ;
Que le marbre et le bronze éternisent vos traits,
Et que la *poésie* exalte vos bienfaits !...

ÉTIENNE DUCRET.

PARIS. — IMPRIMERIE JULES LE CLERE ET Cᵉ, RUE CASSETTE, 29.

A LA BALANÇOIRE

42, boulevard des Invalides, 42.

Paroles & Musique par ÉTIENNE DUCRET

Peut se chanter sur l'air : *La Bonne aventure, ô gué !*

est sur le boulevard,
  Où, chantant victoire,
L'Invalide, vieux grognard,
  Rêve encor de gloire,
Un endroit frais et coquet
Où l'on peut, sous le bosquet,
Jouir de la musique,... et
  De la Balançoire !

Voyez accourir gaîment :
  Fille, garçon, voire
Le bon Papa, la Maman,
  En observatoire...
Cent lanternes de couleurs
Brillent le soir... et les cœurs
Suivent les amours vainqueurs
  A la Balançoire !

On y vient je ne sais d'où :
  De la Tombe-Issoire,
De Pantin, du Gros-Caillou,
  Comme chez Grégoire,
Pour y boire un petit coup ;
Puis, se prenant par le cou,
A deux on se plaît beaucoup
  A la Balançoire.

Quand l'instrument est lancé, —
  La drôle d'histoire !
Pendant le gai balancé,
  C'est à n'y pas croire :...
On découvre en se baissant,..
Le ?... je vous le donne en cent ..
Le... dessous du banc... décent
  De la Balançoire !...

Sous une charmille à part
  Jean près de Victoire,
S'enflamme, et veut à l'écart...
  Soudain,. . (quel déboire !)
Le feu d'Artifice part,
Patatrac ! il est trop tard. .
On rit... et tout finit par..
  Par la Balançoire !

Avec son teint de navet
  Et ses dents d'ivoire,
Tandis qu'Arthur chez Chevet
  Va faire sa poire,...
On ne peut trouver mauvais
Si, des soucis que j'avais
Pour me distraire, je vais
  A la Balançoire !

Si, quand votre Paméla
  Sera d'humeur noire,
Et si, quand, comme cela,
  Vous serez à boire,
Elle fait des tralala,
Pour y mettre le hola,
Au plus vite emmenez-la
  A la Balançoire !

La Cocotte aux faux mollets,
  Les gens à mémoires,
Créanciers et Pipelets,
  Huissiers et Grimoires,
Les Tyrans et leurs Valets,
Tous les Gêneurs, beaux ou laids :
Pour rire envoyez-nous-les
  A la Balançoire !

NAPOLI

OU

L'HOMME LE PLUS FORT DU MONDE

PAR

ÉTIENNE DUCRET

Air de *La Femme à barbe.*

REFRAIN

Au Pugilat, comme au Chausson,
Il dégote *Hercule* et *Samson*,
Aussi chacun vient à la ronde,
Voir }
C'est } l'HOMME LE PLUS FORT DU MONDE! *(bis).*

De TOUS COTÉS, entrez, sandis!
Ce soir, il faut qu'on l'applaudisse...
Cet homme, à lui seul, en vaut dix,
On peut, après chaque exercice
De l'ébouriffant NAPOLI,
Crier : « N. I, ni, c'est fini ! »
Comme une allumette, bagasse !
Une barre de fer il casse !...

— Au Pugilat, etc.

Plus fort qu'*Arpin* et qu'*Esbroyas*,
Toi qui lèves comme une plume
Un bœuf, et qui, du poing, broyas
Plus d'un boulet sur ton enclume,
Tu croquerais, comme un melon,
De *Crotone* le fier *Milon*
Qui, dit-on, de ses doigts de marbre,
Sans coins, vous fendait un tronc d'arbre.

— Au Pugilat, etc.

Si, devant Lui, tout tremble, hola !
Ce *lion* farouche, ma chère,
Quand le ciseau de *Dalila*
Parfois effleure sa crinière,
Devient doux comme un vrai *mouton ;*
Et dire pourtant, nom d'un nom!
Qu'il vous abattrait, c'est notoire,
Mille *Philistins,...* sans *mâchoire.*

— Au Pugilat, etc.

Leste, joyeux, la bouche en cœur,
Lorsqu'il bondit sur son *trapèze,*
Qui croirait que ce beau vainqueur
Cent quatre-vingt-dix livres pèse?
Quand sa poigne, au bruit des bravos,
Fait joujoute avec des quintaux,
En chœur la Foule qui l'admire,
En sortant, s'empresse de dire :

— Au Pugilat, etc.

LE
PYRÈTHRE DU CAUCASE
OU
LA POUDRE INSECTICIDE
(Calembredaine)

PAROLES ET MUSIQUE PAR ÉTIENNE DUCRET

Peut se chanter, (sans chercher la *petite bête,*) sur l'AIR : *du Tralalala*; ou de *Fanchon et Lucas*

D'offrir à l'ARBRISSEAU qui soulage nos maux,
Quelques couplets *piquants* sur certains animaux...
La langue me *démange...* il le faut... eh bien, non...
Ou bien de ma chanson je *gratterai* leur nom...
Sur l'air du tra...! etc.

Quel *pire être* qu'un? *pouah*! pourvu que mon plumeau
Vous *dépeigne* la chose, eh! qu'importe le *mot?*...
Quand BURNICHON, sur eux *dardant* son œil perçant,
Met en perce ses fûts de *Pyrèthre* persan!...
Sur l'air du tra...! etc.

RIFFAUT n'est pas non plus à court d'expédients :
Avec son *Camphre,* il donne à ses nombreux clients
De grands *Soufflets,* afin qu'ils puissent encor mieux
Aux INSECTES partout jeter sa Poudre aux yeux!
Sur l'air du tra...! etc.

De la *mythologie* en fouillant les albums,
Des dieux mêmes l'on voit que les sacrés péplums
Étaient par eux criblés comme de simples draps...,
On peut, *l'ami, te* le prouver quand tu voudras
Sur l'air du tra...! etc.

Laissons *Artaxerxès, Artémise* au tombeau,
L'Amérique à Ves*puce,* et trouvons Colomb beau ;
D'*Epicure* à *Cousin,* ces *piqueurs* acharnés
Fourmillent dans l'histoire aux grands noms incarnés,
Sur l'air du tra...! etc.

Sur le physique *à fard* des nobles pompadours,
Si la *mouche* a régné du temps des troubadours,
Comme nous ils sentaient qu'un INSECTE ça nuit
Sur un nez, dans le jour; et dans un lit, la nuit,...
Sur l'air du tra...! etc.

O *pouilleuse* Champagne, et toi pays des *Galls,*
Longtemps de vos moissons ils firent leurs régals...
Morbleu!.. mais aussitôt qu'ils s'en prirent au Vin,
Pour les *pulvériser,* enfin VILLEMOT... vint...
Sur l'air du tra...! etc.

Osant ce qu'avant lui nul n'avait déjà fait,
Au ciel bleu d'où sortit la *race* de Japhet,
Sur ces grands monts où l'arche enjamba l'Ar*arat*
Du *rameau* du salut pour nous il s'empar*a*...
Sur l'air du tra...! etc.

De ce bois desséché, concassé, pilé fin,
Si l'effet est cocasse et fabuleux... enfin,
Puisqu'au *Caucase* on doit cet efficace don,
Votons une chandelle aux Cosaques du Don,
Sur l'air du tra...! etc.

De l'INSECTE, rentrant son dard dans le fourreau,
La victime, ô VICAT, à son tour est bourreau!
Toi que la *Vigne* en pleurs bénit, nouveau Noé,
Que *Morphée* et *Bacchus* te chantent « Evohe! »
Sur l'air du tra...! etc.

ZACHERL, perçant la foule, a l'air d'un petit *Scha*
Qui *sourit :...* c'est à qui le *congratulera!* —
Lui votant des bravos, à Paris, chers Lecteurs,
Son Urne *candidea* des milliers d'électeurs!
Sur l'air du tra...! etc.

Gloire à DESILLE aussi! son *Pyrèthre,* voyez,
A pleins paniers, les a mitraillés, poudroyés...
Tant qu'il en restera, soufflez, *Soufflets,* soufflez!
La délivrance approche... Humains, en paix, ronflez
Sur l'air du tra...! etc.

En se *grattant* la nuque, en se tâtant le *pouls,*
Pour qu'on trouvât ces *vers* bien faits pour des *papous,*
Il faudrait que je *pusse,* avant d'être *capout...*
Dire au moins : « Ma musique est digne de Mon*pou*! »
Sur l'air du tra...! etc.

Ici, sans les nommer, les voyant au trépas,
Contre eux j'ai fait tout ce... que j'ai *pu n'est-ce* pas?
Cette *infaillible* POUDRE, enfants, de toute part,
Se vend chez l'Épicier : Allez-y de ma part!
Sur l'air du tra...! etc.

MAISONS SPÉCIALES :

EURÊKA...

PAROLES ET MUSIQUE PAR ÉTIENNE DUCRET

Peut se chanter sur l'air de : *La Légende du Léopard de Batignolles.*

REFRAIN.

Eurêka !... quoi ?... *(bis)*
En cent, Monsieur, je vous le donne ;
Eurêka !... quoi ?...
La chose est bonne :
Ici, pourquoi
Restez-vous coi ?...

En lisant : Eurêka !
Le Loustic se demande :
« Ce terme est-il *inca*,
Ou de race allemande ?.. »
— Non !.. ce mot *grec*, partout des savants approuvé,
C'est comme qui dirait : « en cherchant j'ai trouvé !...»
— Eurêka !... quoi ?... etc,

Après avoir cherché
Très·longtemps, c'est notoire,
Profondément touché
D'avoir vu, dans l'Histoire,
Que nos pères Gaulois, ces turbulents troupiers,
Craignaient moins *les Romains* que d'avoir froid aux pieds.
— Eurêka !... quoi?... etc.

Tel qu'*Archimède*, en l'air
Sentant, de sa cervelle,
Jaillir, comme un éclair,
Sa trouvaille nouvelle,
Sans souci des lazzis que ce cri provoqua,
Courait dans Syracuse en beuglant : « Eurêka !...»
— Eurêka !.. quoi ?.. etc.

Je puis par mes bienfaits
Me faire assez connaître,
Sans parler des effets
A qui je dois mon être :
Car, si je divulguais mon grand secret, ma foi !
Tout le monde en saurait bientôt autant que moi...
— Eurêka !... quoi ?... etc.

Oui, pour l'humanité,
Il suffit que l'on sache,
Que je suis la santé,...
Que, dans ma noble tâche
Préservant l'*escarpin* de toute *humidité*,
Je lui garantis l'*imperméabilité!*...
— Eurêka !... quoi ?... etc.

Quoi !.. suis-je donc le Sphinx ?...
Et faut-il que l'Œdipe,
Sans atteindre ses fins,
Sur moi casse sa pipe ?..
Chercher trop loin, souvent en erreur vous induit :
Qu'ai-je trouvé, voyons, en trouvant mon... *Enduit ?*..
— Eurêka !... quoi ?... etc.

Vraiment, c'est surprenant
Comment, sans médecine,
Dans ma couche prenant
Le mal par la racine,
Je *sus*, pour prévenir les maux et les douleurs,
De la *plante des pieds* garnir le pot de fleurs !
— Eurêka !.. quoi ?.. etc.

Par les temps pluvieux,
Gandin et Prolétaire,
Sur vos cuirs les plus vieux
Mon *Enduit* salutaire
Fait tant qu'en les frottant *rien qu'une fois* avec,
Fût-on millionnaire, on est toujours *à sec !*
— Eurêka !... quoi ?.. etc.

Mon application
Facile, est souveraine :
Rhume, Indigestion,
Engelure, Migraine,
Fuyez ! Grâce à moi, si le sang monte au cerveau,
Sans crainte, on peut s'aller fourrer les pieds à l'eau...
— Eurêka !... quoi?... etc.

Ne me comparez pas
A ces produits futiles...
Mieux que tous vos *dégras,*
Plus nuisibles qu'utiles,
Dès que sur un *soulier* mon *encaustique* a lui,
A la vie, à la mort, je m'incorpore à lui !..
— Eurêka !... quoi ?... etc.

Pour mon modeste prix,
La Foule me recherche...
Chacun sait, à Paris,
Que mon créateur perche :
Quatre, rue Échiquier ; que son nom est... Poivret ;
Que son usine est sise à Levallois-Perret !..
— Eurêka !... quoi ?.. etc.

Je nargue vos dédains,
Concurrents durs-à-cuire,
Car sous vos peaux de daims,
Il pourra vous en cuire...
Bientôt, du riche hôtel au plus simple réduit,
L'Enduit-Poivret sera l'*indispensable* Enduit !..

REFRAIN.

Eurêka !.. quoi ?.. *(bis)*
De la recette que je donne
On fait l'emploi
Car elle est bonne :
Essayez-moi
Pour voir... à quoi ?...

PARIS — IMPRIMERIE JULES LE CLERE ET Cⁱᵉ, RUE CASSETTE, 29.

ARTICLES DE TOILETTE

PARFUMERIES.

Chardin, Hadancourt, — 16, boul. Sébastopol.
Gellé frères, — 35, rue d'Argout.
Pinaud et Meyer, — 37, boulevard Sébastopol.
Piver (lait d'Iris), — 12, boulevard Sébastopol.
Violet (crème de beauté), — 225, r. Saint-Denis.
Parfumerie Anglaise, — 17, boul. des Italiens.
Grande Parfumerie, — 1, r. Quatre-Septembre.

EAUX.

Eau de Botot, — 229, rue Saint-Honoré.
  » de Cologne Farina, — 38, rue d'Hauteville.
  » Prodige, — 34, rue Vivienne.
  » Laferrière, — 3, rue Rossini.
  » de lys de Lohse, — 43, r. Petites-Ecuries.
  » de Ninon, — 31, rue du Quatre-Septembre.
Vinaigre de Bully, — 67, rue Montorgueil.

DENTIFRICES.

Myrrhœ, — 12, rue du Quatre Septembre.
Larose, — 29, rue Neuve des Petits-Champs
Vigoureux, — 33, rue de Vaugirard.
Féraud, — 105, chaussée du Maine.
Mastic dentaire, — 34, boulevard Voltaire.
Fluide Iatif de Joux, — 23, Bᵈ des Capucines.
Elixir du Phœnix, — 99, faubourg Saint-Denis.

POUDRES DE RIZ.

La Veloutine, — 9, rue de la Paix.
Viard, — 2, place du Palais-Royal.
Fleur de Jouvence, — 30, boulevard Malesherbe.

FARDS.

Vᵉ Ladvocat-Vanel, — 29, rue Duée (Belleville).
Darquet, — 17, rue Croix des Petits-Champs.

TOILETTES HYDRAULIQUES.

Maurice et Bontemps, — 98, Bᵈ Beaumarchais.

APPAREIL HYDRAULIQUE POUR APPARTEMENTS.

138, rue Montmartre, 138.

COLORATION ET REGÉNÉRATION DES CHEVEUX.

Eau des Fées, — 43, rue Richer.
  » Coquette, — 64, rue d'Orsel.
  » Figaro, — 1, boulevard Saint-Denis.
  » Parisine, — 76, rue de Rivoli,
  » Ozaline, — 207, rue Saint-Honoré.
  » Janina, — 12, rue du Pavillon.
  » Recluz, — 58, rue Saint-Placide.
  » de la Floride, — 112, rue Richelieu.
  » de Zénobie, — 17, rue de Buci.
  » de Médée, — 77, rue de Rivoli.
  » Sallès, — 76, rue Turbigo.
  » du Cap, — 61, rue Richelieu.
  » des Pampas, — 2, rue du Havre.
  » Gauloise, — 4, rue de Provence.
  » Maona, — 9, rue Bleue.
  » du Dʳ Callmann, — 11, boul. de Strasbourg.
  » de Rossetter, — 7, rue des Petites-Écuries.
  » S. A. Allen, — 35, boulevard Hausmann.
  » Suprême, — 2, rue Taitbout.
  » Malleron, — 110, rue de Rivoli.
Pommade Mahon frères, — 2, rue des Vosges.
Pommade Blaireaux . . . .
  » du Lion . . . .
  » Vᵉ Thomas, — 28, place Dauphine.
  » Papin, — 164, rue Saint Antoine.
  » Acore . . . .

MARCHANDS DE CHEVEUX.

Vallard-Dangy, — 1, place des Petits-Pères.
Aux Armes d'Angleterre, — 4, boul. Denain.
M. Goujon, — 65, rue de Rennes.
Marquis, — rue Montorgueil.
Paupelin, — 21, rue Fontaine Saint-Georges.
Florentin, — 3, boulevard Bonne-Nouvelle.
Pelleray, — 17, rue Croix des Petits Champs.

CHEVEUX ET COIFFURES.

Peuvrez, — 1, rue des Ecouffes.

PRINCIPALES SPÉCIALITÉS PHARMACEUTIQUES ET D'HYGIÈNE

ETIQUETTES DE PHARMACIE, ETC.
Bouissereu, 67, rue de la Verrerie.

INJECTIONS BROU.
158, boulevard Magenta, 158.

PILULES GOURMANDES (SAMPSO).
44, rue Rambuteau, 44.

UROSCOPIE (BOURDEL docteur).
243, rue Saint Honoré, 243.

POUDRE LAMBERT, CONTRE CORYZA.
Marchand, 220, rue Saint-Martin.

PILULES DE BLANCARD.
40, rue Bonaparte, 40.

KOUSSO-PHILIPPE, (CONTRE LE VER SOLITAIRE).
125, rue Saint-Martin, 125.

ANTISCORBUTIQUE DE RIVIÉRE.
68, chaussée d'Antin, 68.

BISCUITS J. CAROZ.
Clérambourg, 93, rue Saint-Honoré.

PILULES BLAUD, ANTI-CHLOROTIQUES.
8, rue Payenne.

TAMAR INDIEN, (HERZOG).
25, rue de Grammont.

ANTINÉVRALGIQUE-BARON.
20, rue d'Aligre, 20.

HUILE JOSEPH (BRULURES).
Guettrot, 15, rue Drouot.

TORD-BOYAUX (RATICIDE).
Guérard, 15, Passage de l'Élysée (Montmartre).

SIPHONS-MALDINÉ.
9, rue Saint-Anastase, 9.

POMMADE DUPUYTREN.
A. Lebret, 35, rue d'Argenteuil.

ANTI-SCORBUTIQUE DE MOUYSSET.
34, avenue de Clichy.

MUROTOXIQUE DE SIREYGEOL.
29, rue de Sablonville (Neuilly).

EXTRAIT DE QUINQUINA MARIANI.
41, boulevard Haussmann.

NASALINE-GLAISE.
25, rue de Réaumur.

COLLYRE DES FRÈRES ST.-JOSEPH.
[Vente, 4, rue des Orfévres.

PURGATIF VERMIFUGE DE SULOT.
18, boulevard Voltaire.

SIPHON INSUFFLATEUR ROUSSON.
17, rue Bichat.

MALADIES DES FEMMES.
Mme LA CHAPELLE, 25, rue Montabor.

SIROP DE DENTITION DELABARRE.
4, rue Montmartre.

GAZOGÈNE BRIET.
72, rue du Château-d'Eau.

APPAREILS À EAUX GAZEUZES.
François, 210, boulevard Voltaire.

SELTZO-MOROY PERFECTIONNÉ.
34, rue Popincourt.

INSTRUMENTS DE PESAGE.
Trayvou, 8, quai de Gèvres.

GUÉRISON DE LA GOUTTE ET DES RHUMATISMES.
Dr Bardenet, 106, rue de Rivoli.

EAU DE MÉLISSE DUMONT.
2, boulevard Sébastopol.

FILTREUSE SCHLOSSER (pour le café).
12, rue aux Ours.

PHARMACIE DE POCHE.
Gonor, 10, rue de la Perle.

SIROP ANTIPHLOGISQUE (Bronchite, Coqueluche).
J. Bidermamn, 82, rue François-Miron.

PILULES ANTINÉVRALGIQUES du Dr CRONIER.
Levasseur, 23, rue de la Monnaie.

ASTHME, TUBES LEVASSEUR.
23, rue de la Monnaie.

SIROP DE RAIFORT (Gourme, Rachitisme).
Gendron, 67, boulevard Beaumarchais.

L'APOZÉINE DE SANTÉ (Constipation).
Lemaire, 14, rue de Grammont.

HUILE DE MORUÉ FERRÉE.
Godin, 96, Faubourg-St-Martin.

CAPSULES DIGESTIVES.
Gelin, 38, rue Rochechouard.

PRINCIPALES SPÉCIALITÉS PHARMACEUTIQUES ET D'HYGIÈNE

VINS DE MALAGA ET DE BAGNOLS.
CAVES GÉNÉRALES, 111, rue de Bercy.

MALLE-GLACIÈRE,
S. B. TOSÉLLI, 213, rue Lafayette.

ARNICA DES VOSGES (Blessures).
VIOLAND, 18, avenue de Châtillon.

NI FROID NI AIR! (Calfeutrage).
JACCOUX, 20, rue Richer.

SIROP BOULOIS (Bronchites, Catarrhes).
BOULOIS, 154, boulevard Voltaire.

CÔNES FUMANTS (Toux, Laryngite).
PERDRIGET, 39, Chaussée d'Antin.

COSMÉTIQUE-DELACOUR (Crevasses aux Seins).
LIÉBERT, 56, rue Tiquetonne.

PILULES MORISSON-MOULIN (Dépuratives).
ARTHAUD MOULIN, 30, rue Louis-le-Grand.

EAU ANTIOPHTHALMIQUE DE BUGEAUD.
GUYETTANT, 5, rue du Cherche-Midi.

EAU OPHTHALMIQUE.
GENEAU, 275, rue St-Honoré.

DENTIFICES LAROZE.
26, rue Neuve-des-Petits-Champs.

PILULES TRABEL. (Névralgies).
5, rue des Martyrs.

PASTILLES SCHAEDELIN (Pâles couleurs).

BAUME SCHADELIN (Gerçures aux seins).
14, boulevard Sébastopol.

SIROP CADET.
DUGUET, 44, rue des Lombards.

PILULES MOUYSSET (Migraines).
34, avenue de Clichy.

GOUDRON CHAUVET.
16, boulevard Richard-Lenoir.

VIN DE CHASSAING (Digestion).
6, avenue Victoria.

VANILLE VERMIFUGE.
QUENTIN, 15, rue des Vosges.

DENTIERS ROSSI perfectionnés et peu coûteux.
390, rue St-Honoré.

PARFUMERIE ANGLAISE.
RIMMEL, 17, boulevard des Italiens.

CROMO-CIRE (plus d'humidité).
CARON, 58, rue du Cherche-Midi.

THÉOBROME-QUINA (Vin de Santé).
LUQUET, 121, rue Turenne.

VIN CORDIAL DE NICOD,
7, boulevard de Clichy.

BAGUES ÉLECTRIQUES (élec. Méd.)
POLLEON, Opticien, 10, passage Choiseul.

ELIXIR ET POUDRE DENTIFRICE.
Dr JOHN EVANS, 45, rue Richer.

SCROFULE, CONSOMPTION.
SIROP TARDIF, 35, boulevard Voltaire.

COUSSIN HYGIÉNIQUE.
LARCHER, 7, rue d'Aboukir.

BANDAGES, — ORTHOPÉDIE.
CHANSON, 146, rue Rivoli.

TOILETTES HYDRAULIQUES.
MAURICE, 98, boulevard Beaumarchais.

L'EAU PRODIGE (Boutons Rousseurs).
3, rue Vivienne.

SIROP SERS (aff. de Poitrine).
2, rue des Tournelles.

VIN DE BAUDON (tonique).
Antilymphatique, Antirachitique, Anti-inflammatoire, 11, rue des Francs-Bourgeois.

POUDRE INDIENNE (Pertes Blanches).
A. AUBY, 6, avenue d'Italie.

REMÈDE D'ABYSSINIE ANTIASTHMATIQUE.
EXIBAR, 125, rue St-Martin.

ROB. BOYVEAU LAFFECTEUR.
12, rue Richer.

PILULES BILAUDEL (Obésité).
DAMERVAL, 158, Faubourg-St-Martin.

5, 7 et 10, rue Joquelet, 10, 7 et **5**

PARIS

TOUT LE MONDE IMPRIMEUR

AVEC

LA PRESSE RAGUENEAU

PAROLES ET MUSIQUE PAR ÉTIENNE DUCRET

PARIS

CHEZ L'AUTEUR : 64, RUE DE VAUGIRARD

LA PRESSE RAGUENEAU

PAROLES ET MUSIQUE PAR ÉTIENNE DUCRET

Je de-man- dais, gai Trou- ba-dour : « Quelle est cet- te co- hue, Près de la Bourse, cha-que jour, S'ar- rê- tant dans la rue Jo-que- let, nu- mé- ro sept? »— « Ah! me ré- pon- dit- on, c'est La Fou- le qui se pres- se; On vient, i- ci, de Lan-der-nau, Pour voir mar- cher la Pres-se La Pres-se, Ra- gue- neau! »

LA PRESSE RAGUENEAU

Paroles et Musique par Etienne Ducret

(Peut se chanter sur l'air : *Satan dit un jour à ses pairs.* — Béranger.)

Je demandais, gai Troubadour : .
  « Quelle est cette cohue,
Près de la Bourse, chaque jour,
  S'arrêtant dans la rue
  Joquelet, numéro sept? »
— « Ah! me répondit-on, c'est
  La Foule qui se presse ;
On vient ici, de Landernau,
  Pour voir marcher la Presse,
  La Presse-Ragueneau! »

Non, ce n'est point un leurre! — Amis,
  A l'œuvre je l'ai vue
Et sa vue en mon cœur a mis
  Une joie imprévue...
De ma vive *impression*
Ces vers sont l'expression :
  C'est pourquoi je m'empresse
De vous chanter, sur le piano,
  Dix couplets sur la Presse,
  La Presse-Ragueneau!...

Moi-même, illico, j'en ai fait
  Un essai qui me botte...
En *deux minutes*, en effet,
  Me voilà passé *prote*...
De mon talent d'*Imprimeur*
Si l'on goûte la primeur,
  Avec moi qu'on s'empresse,
Juif, catholique ou huguenot,
  De se payer la Presse,
  La Presse-Ragueneau...

Chez soi, l'on fait, *sans aria*,
  Ses *lettres de Baptême*,
De *Mariage*, et cœtera!...
  D'avance, on peut *soi-même*,
Se fabriquer gentiment
  Ses *Billets d'enterrement !*...
  Aussi, plein d'allégresse,
De Marseille et de Hagueneau,
  On vient pour voir la Presse,
  La Presse-Ragueneau.

Factures, Dessins, Prix-courants,
  Musique, Circulaires,
Discours, Menus de Restaurants :
  A Dix-Mille exemplaires,
Oui, tout, en un tour de main,
  S'imprime!... Un simple gamin,
  Avec un peu d'adresse,
Peut (n'en déplaise à Gros-Donneau),
  Faire jouer la Presse,
  La Presse-Ragueneau...

Nos *Candidats*, grâces à Toi,
  Ragueneau, vont nous faire
Mille professions de foi
  Par jour!... c'est leur affaire...
Pour en changer, mon Fifi,
  D'un coup d'éponge il suffit...
  O *Presse* enchanteresse,
A tous les vents, tourne, tourne... oh!
  Tourne, tourne, ma Presse,
  Ma Presse-Ragueneau!

A ceux qui n'en ont pas,... il vend
  Aussi du... *Caractère*...
Le *Caractère*, trop souvent
  Manque, hélas! sur la terre!...
On en a, pour *vingt-cinq francs*,
  Trente types différents...
  Ceci, dam! intéresse
Le Sage comme l'Etourneau...
  Chantons : vive la Presse,
  La Presse-Ragueneau!

Ce meuble *commode*, à *prix doux*,
  Convient à l'*Industrie*,
Au *Théâtre*, aux *Feuilles-de-Choux*
  Qui *manquent de Copie !*...
Son usage *universel*,
  De tous côtés, devient tel...
  Qu'il paraît que ça presse,
Car, au grand galop, Calino
  Vient pour avoir sa Presse,
  Sa Presse-Ragueneau !...

Des *Imprimeurs* si le Patron
  Naquit en Allemagne,
Ragueneau sera le fleuron
  Des fils de Charlemagne...
Pour assurer son succès,
  Chez ce *Guttenberg français*,
  A l'envi qu'on s'empresse :
Courons-y et tous *andantino*
  Pour nous payer sa Presse,
  Sa Presse-Ragueneau !...

De ce que l'on avance ici
  Pour vous donner la preuve,
Ragueneau vous offre *ceci*...
  C'est une simple *épreuve*...
A titre d'échantillon,
  Agréez donc ma chanson...
  Ces Couplets, dont la Presse
Fera l'éloge à Landernau,
  Sont tirés à la Presse,
  La Presse-Ragueneau !

L'AMER-PICON

PAROLES ET MUSIQUE PAR ÉTIENNE DUCRET

AIR : *Il était une fois quatre hommes.*

REFRAIN
Camarade,
Allons, gaîment,
Verse-m'en
Une rasade...
Sapristi ! qu'il est donc
Bon
A boire
L'Amer, l'AMER-PICON !
Chez Grégoire
Qu'aime-t-on ?
C'est l'AMER à boire !

Puisqu'il arrive d'Afrique
Ce PICON cher au Turco,
Chantons, pour faire la nique
Au *Bitter,* au *Curaçao:*
— Camarade, etc.
} bis.

Ce nom d'*Amer* t'effarouche,
Nicodème, *Quéʒaco* ?
Ce qu'est amer à la bouche
Fait du bien au stomacho!
— Camarade, etc.
} bis.

Ce n'est pas la mer à boire
Qu'un peu d'amer : après tout,
Que me fait sa teinte noire ?
La Négresse est de mon goût...
— Camarade, etc.
} bis.

De ce Nectar délectable
Les rivaux sont fricassés.
Moi, je n'ai jamais à table
De ce jus d'Afrique assez.
— Camarade, etc.
} bis.

De cette Liqueur *tonique*
Depuis qu'elle se versa,
Ma grand mère Véroniqne
Ne veut plus boire que ça...
— Camarade, etc.
} bis.

Le Travailleur à l'usine
S'en régale *dans de l'eau*
Le Gandin, la Carabine
L'aiment pur au caboulot
— Camarade, etc.
} bis.

La Payse, à la cuisine,
Peut s'en payer à gogo ;
Le Sapeur, à la cantine,
Chante à tire-larigot :
— Camarade, etc.
} bis.

O doux AMER ! aux quatre hommes
Tu plais comme au caporal ;
A la gomme, tu dégommes
Tous les jus en général.
— Camarade, etc.
} bis.

Aux Dames de noble souche
Quand on offre ce lolo,
Plus d'une sainte-n'y-touche
En y goûtant s'écrie : « Oh!...
— Camarade, etc.
} bis.

Si l'*Absinthe* affole l'âme,
Et l'affreux *Bitter* itou,
De ce généreux dictame,
Avec raison, je suis fou!
— Camarade, etc.
} bis.

Seul Dépôt à Paris, 30, Boulevard Saint-Germain.

LES DOUZE COMMANDEMENTS

DE

L'AMER-PICON

Par ÉTIENNE DUCRET

I

L'AMER seul tu dégusteras
Avec plaisir journellement.

II

A tes Amis tu jureras
D'en verser copieusement.

III

Fête et Dimanche observeras
En t'en régalant doublement.

IV

Au Père de l'AMER plairas
Si tu le bois sec et souvent.

V

En l'avalant tu ne tueras
Que les Médecins seulement.

VI

A ta Belle tu l'offriras
Chaque soir amoureusement.

EFFETS
DE
L'AMER-PICON

Liqueur tonique,
rafraichissante,
douce chaleur, appétit,
santé, gaîté,
vieillesse heureuse
et
prolongée.

VII

Jamais d'*Absinthe* ne prendras
Ni de *Bitter* aucunement.

VIII

Franc Buveur, point ne mentiras
En disant qu'il est *excellent !*

IX

Tes devoirs d'Epoux rempliras,
Grâce à Lui, conjugalement.

X

Chez autrui tu convoiteras
L'AMER que, sans toi, l'on y prend.

XI

A ta dernière heure en boiras
Pour t'endormir paisiblement.

XII

Et de PICON tu chanteras
La louange éternellement...

EFFETS DE L'ABSINTHE :

Froid,
Tremblement nerveux,
Hébétude,
Décrépitude, Folie.

INVOCATION

P ère de l'AMER-PICON,

I ci, je viens, gai Trouvère,

C élébrer, en vers, ton nom....

O h! que jamais ton flacon

N e tarisse dans mon verre !

Se vend chez tous les Débitants.

EFFETS DU MAUVAIS BITTER

Amertume, Salivation,
Perte d'appétit,
Congestions, Paralysie.

LA LIQUEUR D'OR

PAROLES ET MUSIQUE PAR ÉTIENNE DUCRET

(Peut se chanter sur l'air de *la légende de la Mère Angot*.)

REFRAIN

Sur ma table,
Jus délectable,
J'aime ton limpide trésor :
Verse
Encor,
Verse à verse,
Verse-nous ta LIQUEUR D'OR !

Aussitôt que je *touche*
Du doigt tes flancs luisants,
L'eau me vient à la bouche ;
Tu charmes mes cinq sens :
Ton doux *glouglou* m'éveille,
Ton *éclat* m'éblouit,
Ton *parfum* m'émerveille,
Ta *saveur* me ravit..
— Sur ma table, etc.

O LIQUEUR sans pareille,
Qu'Horace appellerait
Du *Soleil en bouteille*,...
A te boire, on dirait
Que ton joyeux Pactole,
Dans son Or fusible, a
Distillé l'alvéole
Des abeilles d'Hybla !
— Sur ma table, etc.

O Fille de l'Aurore,
Pour calmer nos douleurs,
Ton Esprit élabore
Mille exotiques fleurs.
Cordial aurifère,
Ton *Nectar* souriant,
Ainsi que la Lumière,
Nous vient de l'Orient !
— Sur ma table, etc.

En France, en Allemagne,
De Londre à Saingapour,
Du Bosphore en Espagne,
Du Caire à Luxembourg,
Partout, comme en Autriche,
Tes fins dégustateurs
T'acclament la plus *riche*
De toutes les liqueurs...
— Sur ma table, etc.

Pour ce divin *arome*
Qui nous rappelle Hébé,
Au palais, sous le chaume,
Le vieillard, le bébé,...
Blanc, créole ou mulâtre,
Juif, Musulman, Chrétien :
L'univers t'idolâtre,
O CHABOZEAU-PAYEN !...
— Sur ma table, etc.

Balsamique, odorante,
Bienfaisante Liqueur,
L'Humanité souffrante
T'accueille de grand cœur...
Le gourmet qui te sable
Sent dans son verre, à flot,
L'*utile* et l'*agréable*
Jaillir de ton goulot...
— Sur ma table, etc.

Au Mortel qu'importune
L'ardente *soif de l'or*,
A qui rêve fortune :
Manant, bourgeois, milord,
O généreux *Dictame*,
Verse, avec la SANTÉ,
Les seuls vrais biens de l'âme :
L'AMOUR et la GAITÉ !...
— Sur ma table, etc.

LA MACHINE QUI PLISSE

PAR ÉTIENNE DUCRET

Air de : *Tu n'entreras pas, Nicolas*

CRÉPIN, comme feu Nicolet,
De merveille en merveille
A me transporter se complaît :
Ce matin je m'éveille
En entendant un auverpin
Crier à son complice :
— « Chante avec moi, Compain,
De CRÉPIN
La Machine qui *plisse* !... »

Soudain, ça ne fait pas un *pli*,
Pour admirer la chose,
J'y cours, j'y vole au saut du lit ;
Là, sa fée au doigt rose
M'a *tuyauté* mon calepin
D'où ce gai refrain glisse :
— Chante avec moi, Compain, etc.

Bon CRÉPIN, cesse d'inventer,
Où je cesse d'écrire !
Me faudra-t-il pour te chanter,
Changer vingt fois de lyre ?
Le front d'un *Normand* fin lapin
C'est la boîte à malice...
— Chante avec moi, Compain, etc.

Ma Ménagère avait déjà :
Son *Four*, sa *Lessiveuse*,
Son *Coucou*, son *Soufflet*, oui-da !
Sa Fidèle *Couseuse*,...
D'avoir sa *Repasseuse* enfin
Pour qu'elle s'applaudisse,
— Chante avec moi, Compain, etc.

Pour les *calendrer*, aussitôt
Qu'on met sur sa planchette :
Jupe, Bonnet, Guimpe, Jabot,
Col, Chemise ou Manchette,
Elle aime qu'en un tour de main,
Sa tâche s'accom*plisse*,...
— Chante avec moi, Compain, etc,

L'Aube et le Sur*pli*, Dieu merci !
Sont canelés par elle ;
C'est elle qui calibre aussi
Ces *canons* de dentelle
Que braque sur le muscadin
La provocante actrice.
— Chante avec moi, Compain, etc.

Au bal, au bois, quand Cupidon
Par malheur le chiffonne,
En un clin d'œil elle a le don,
Sous sa broche fripponne,
De requinquer le casaquin
De l'imprudente Alice :
— Chante avec moi, Compain, etc.

Avec elle, Amoureux transis
A la plume rebelle,
Vous pouvez adresser cent *plis*
Par jour à votre Belle,..
Rien ne vaut ces *plis* de satin
Pour qu'elle s'attendrisse.
— « Chante avec moi, Compain, etc.

Comme le reste, puisqu'il vend
Cet Engin phénomène
Moyennant un abonnement
De *dix sous* par semaine,
Que le grand Maître du Destin
A jamais le bénisse !
— Chante avec moi, Compain, etc

Comme cette Machine-là
Parfaitement travaille,
D'une MÉDAILLE D'OR on a
Décoré sa trouvaille...
Pour que, de Paris à Pékin,
Son succès retentisse,
— Chante avec moi, Compain, etc.

De ce philanthrope inventeur,
(Quel délirant scandale !)
L'instrument moralisateur,
Sous sa chaude pédale
De certain vieux *Raseur* clampin
Va *froncer* la peau lisse :
— Chante avec moi, Compain, etc.

PARIS. — Imprimerie JULES LE CLÈRE, rue CASSETTE, 29.

LES SPÉCIALITÉS EN VOGUE

MAISON PERREAU FILS
Jouets et Jeux en tous Genres
156, rue de Rivoli, 156
AU COIN DE LA RUE DU LOUVRE
PARIS

AU PARADIS DES ENFANTS

PAROLES ET MUSIQUE PAR ÉTIENNE DUCRET

PARIS
CHEZ L'AUTEUR : 64, RUE DE VAUGIRARD

AU PARADIS DES ENFANTS

PAROLES ET MUSIQUE PAR ÉTIENNE DUCRET

AU PARADIS DES ENFANTS

Paroles et Musique par ETIENNE DUCRET

(Peut se chanter sur l'air des : *Jolis Pantins d'Abadie*.)

REFRAIN :

Si POPOL et BLANCHE
Sont gentils, ce soir,
Bon Papa, dimanche,
Les mènera voir
Sauter, en cadence :
Singes, Eléphants;
Tout rit, tout danse
AU PARADIS DES ENFANTS. }*bis.*

Sur leurs tambourins
Battant des quadrilles,
Voyez ces *Lapins*
Qu'un Apelle a peints;
Avec leurs crincrins,
Ces joyeux *Gorilles*,
Au chant si joli
Du gai *Bengali*,
Mêlent les soli
De Paganini...
Manœuvrant, jarni!
Sa trompe,
Ça trompe :
L'*Eléphant* Kiouni
Semble rajeuni...
Dans ces *Œufs* NINI,
Qui des yeux les couve,
Trouve
Un *Merle blanc* avec la *Pie au nid!*

— Si POPOL et BLANCHE, etc.

Le *Bébé* parlant,
La *Vache* laitière,
Qui se laisse traire,
Et l'*Agneau* bêlant,
Au *Piano* vibrant
Font chorus ; — du *Masque*,
Du *Képi*, du *Casque*
Et du *Fourniment*
Tout en acclamant
L'effet si charmant,
Avec leur Maman,
Nos FIFIS admirent
Ces *soldats*,
Là-bas,
Qui marquent le pas,
Et, dans leurs combats,
Avec ardeur tirent,
Tirent toujours,... mais,
Sans s'attraper jamais!..

— Si POPOL et BLANCHE, etc.

Au *Sapeur* en plomb
L'*Artilleur* succède ;
En *Vélocipède*,
En *Char*, en *Ballon*,
En *Waggon*,
Tout bon-
dit, court, trotte, vole,
Valse, caracole,
Et se met en train
Sur la ritournelle
D'un gai refrain. —
Bon *Pompier*, *Marin*,
Grimpez à l'*Echelle*,
Nageurs et *Goujons*,
J'aime vos plongeons ;
Que la *Bique*
Et que le *Chien* mécanique
Fassent la nique
Au *Canard de Vaucanson !*

— Si POPOL et BLANCHE, etc.

Tandis qu'au *Salon*
Gaîment l'on
S'apprête
Pour le *Cotillon*
Sur son *Bastion*,
Fier comme un lion,
Là, *Paris* tient tête
A l'Invasion...
Mais, attention :
J'entends la *Trompette*,
En scène, ce soir,
Il faudra nous voir,
O Public folâtre ;
Dans leurs jeux grivois,
Nos *Acteurs*... en bois
Montrent, à la fois,
Comme au grand Théâtre :
Le Méchant rossé,
Le Bon recompensé !

— Si POPOL et BLANCHE, etc.

Sur nos fronts, le fard
Est allégorique.
On ficelle à part
L'*Industrie* et l'*Art.*
Le *Jongleur* et l'*Ar-*
lequin politique
Ici, prestement
Font la pirouette,
Et changent de tête
Indéfiniment!...
Des maris aimant
La sauce tomate,
Ce *Bœuf* doit vraiment
Faire l'agrément...
Au Grec musulman
Comme au diplomate
On sert hardiment
L'*Automate*
Ottoman !

— Si POPOL et BLANCHE, etc.

Hélas! à la fin,
Il faut qu'on s'assomme,
Chez l'Homme,
Tout comme
Chez *Séraphin*,...
César enfantin,
Prends ton hecatombe,
Ce n'est pas chrétien,
Mais on rit si bien
Quand le diable tombe...
A l'esprit malin,
Guignol, mon copin,
Fais sentir ta trique ;
Bras dessus dessous,
Suivez, mes *Zouzous* :
Polichinel vous,
Donne la réplique,
Et charme la *pratique*
Avec les *rrridzoudzous !*

— Si POPOL et BLANCHE, etc.

SPÉCIALITÉS DU PARADIS DES ENFANTS
PRIX FIXE

Le Cosmopolite.
Le Vélocipède-canon.
Vélocipèdes à galets cylindriques.
Toupies hollandaises et autres.
Billards-bagatelles, etc.
Boîtes de Whist et de Boston.
Damiers, Jacquets, Échecs, etc.
Cartes à jouer.
Poupées et Bébés en tous genres.
Malles, Trousseaux, Layettes.
Ménages, Meubles, Cuisines.
Jeux de courses.

Théâtres, Décors, Acteurs, etc.
Forteresses, Soldats, Panoplies, Armes diverses.
Ménageries, Chasses, Bergeries, Volières.
Jeux nouveaux pour jardins.
Automates en tous genres.
Artifices et illuminations pour :
Salons, Fêtes publiques et particulières,
Retraites aux flambeaux, etc.
Prestidigitation et Fantasmagorie,
Soirées en ville.
Le Cotillon : Accessoires inédits.
Vente et location pour Paris et la Province.

Seule Maison de Fabrication de : LA BARATTE EXPÉDITIVE, (Beurre en 3 minutes.)

ENVOI DU PROSPECTUS.

(4353) — PARIS. IMPRIMERIE JULES LE CLERE ET Cⁱᵉ, RUE CASSETTE, 29.

AU PAUVRE DIABLE

Paroles et Musique par ÉTIENNE DUCRET

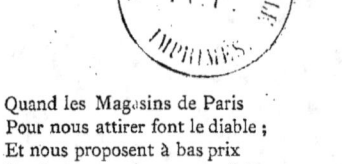

(Peut se chanter sur l'air de l'Apothicaire.)

Quand les Magasins de Paris
Pour nous attirer font le diable ;
Et nous proposent à bas prix
Des Stoks ne valant pas le diable;...
Narguant les sots et les méchants,
Au petit monde secourable
11, ru' *Croix-des-Petits-Champs* ,   } (bis).
Le Pauvre Diable est un bon diable.

En vain j'userais vingt crayons
Pour vous dépeindre, en cent réclames,
Les *merveilles* que ses *rayons*
Etalent sous vos yeux, Mesdames ;...
Dentelles de toute beauté...
Satins, velours.... — à l'amiable,
Et *pas trop cher* on est traité   } (bis).
Dans la maison du Pauvre Diable.

Bien que Pauvre Diable, entre nous,
Il est loin d'être misérable,
Car on se mettrait à genoux
Dans son sanctuaire adorable...
Tout, dans ce palais enchanté,
Est d'une richesse admirable ;
Comme marchand de nouveauté   } bis.
Le Pauvre Diable est un bon diable!

D'un Etat comme celui-ci,
Si Lucifer, dans l'autre monde,
Était le maître, Dieu merci !
L'on s'y damnerait à la ronde.
L'Enfer serait un Paradis,
Un séjour vraiment enviable.
En sortant l'on se dit : « Sandis!   } bis.
Le Pauvre Diable est un bon diable.

Dans ta riche Maison
Si ma chanson
Ne peut être admise
Comme marchandise :
Accueille-la donc,
Mon
Bon
Diable,
Comme un don
Aimable
De mon Apollon
Pauvre Diable

AUX DEUX MAGOTS

PAROLES ET MUSIQUE PAR **ÉTIENNE DUCRET**

(ou air de : *Madame Angot.*)

REFRAIN

Sur la *Place de l'Abbaye*,
La Foule ravie
S'arrête et s'écrie :
« Dans ce Palais, Dieu ! qu'ils sont beaux !
Qu'ils sont gentils ces DEUX MAGOTS!... »

Pour embellir nos filles d'Eve,
Pleine de charmants bibelots,
Dans le noble faubourg s'élève
La Pagode des DEUX MAGOTS!
Qu'elle soit française ou chinoise,
Je vous affirme, en parlant d'eux,
Sans crainte qu'ils me cherchent noise,
Que Plutus doit être un des deux!
— Sur la *Place de l'Abbaye*, etc.

Suivant son goût, l'humble *Ouvrière*
Chez eux, à *bon marché* toujours,
Comme la riche *Douairière*
Peut se payer de frais atours... —
Par tous voulant être hantée,
Cette Maison des DEUX MAGOTS
A su se mettre à la portée
Des gros et des petits *magots*...
— Sur la *Place de l'Abbaye*, etc.

Dentelle, velours, cachemire,
Batiste, soie aux reflets d'or :
Que de merveilles qu'on admire
Ces MAGOTS prodiguent encor !
Aux vitrines de leur portique,
Cet étalage éblouissant
Offre un coup d'œil vraiment féerique ;..
Aussi, Mesdames, en passant
— Sur la *Place de l'Abbaye*, etc.

LA NOUVELLE HÉLOÏSE

PAROLES ET MUSIQUE PAR **ÉTIENNE DUCRET**

HÉLOÏSE !... ton Nom, cher aux sensibles cœurs,
Ton Nom veut dire : amour, fidélité, franchise.
De ton Époux martyr partageant les douleurs,
Ange, ton dévouement pieux t'immortalise :...
Car, partout et toujours, toutes les âmes sœurs,
En pleurant *Abeilard*, chanteront HÉLOÏSE !...

HÉLOÏSE !... ce Nom sort vainqueur du tombeau...
HÉLOÏSE !... à ce Nom, oui tout se poétise.
Huit siècles ont passé : ce Nom toujours nouveau
Avec la Muse encor tendrement sympathise...
Ce doux Nom t'inspirait, ô *Jean-Jacques Rousseau*,
Et la France lui doit TA NOUVELLE HÉLOÏSE !...

Rose du Paraclet, ton Nom nous a dotés,
Près du Temple, aujourd'hui, d'une nouvelle église,
Où brillent, aux *Rayons* de mille NOUVEAUTÉS :
Fleurs, Dentelles, Satins, d'une élégance exquise...
C'est là que, chaque jour, nos modernes Beautés
Vont en foule admirer LA NOUVELLE HÉLOÏSE !!!...

AU MASQUE DE FER

(Légende fantaisiste)

Paroles et Musique par ÉTIENNE DUCRET

Tandis qu'autour de nous les Arts et l'Industrie
Sèment, à pleines mains, leurs *Merveilles*;... tandis
Que les Elus du sort, savourant l'ambroisie,
Se couronnent de *Fleurs*, — dans vos tristes réduits,
Pauvres déshérités, dont l'âme infortunée
Nous afflige au récit de ce qu'elle a souffert,...
Amis, pour murmurer contre la destinée,
Vous n'avez pas connu l'Homme au Masque de Fer!...   } *bis*

L'Homme au Masque de Fer était — dit la légende —
Frère du *Roi Soleil*;... mais, chassé de la Cour,
Sequestré, bâillonné,... pourquoi ?... je le demande,...
Il devait expirer dans une sombre tour...
Et pourtant une voix, la nuit, sous sa fenêtre,
Lui criait : « Contre Toi se ligue en vain l'Enfer ;...
Victime des méchants,... Espère !... un jour peut-être
La Foule acclamera l'Homme au Masque de Fer!!...   } *bis*

Le songe est accompli !... Dans notre Capitale,
Le Proscrit, transporté sous de riches lambris,
Trône dans un palais,... où gaîment il étale
Ses *Trésors*, qu'au Public il prodigue a bas prix!...
C'est là que tout Paris,... heureuse clientèle,...
Vient le voir; — il sourit,... il parle à cœur ouvert :
Car une bonne Fée, en *rubans*, en *dentelle*,
A transformé sa chaîne et son Masque de fer!!!...   } *bis*

PARIS — IMPRIMERIE JULES LE CLÈRE ET Cⁱᵉ, RUE CASSETTE, 29.

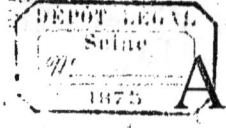

A VOLTAIRE !...

Paroles et Musique par ÉTIENNE DUCRET

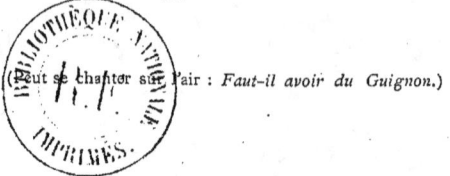

(Peut se chanter sur l'air : *Faut-il avoir du Guignon.*)

Feu VOLTAIRE, ce grand homme,
Dans ses écrits si piquants,
Habillait, et Dieu sait comme,
Les Tartufes, les Croquants. .
De ces pages immorteles
En compulsant le trésor,
Nous sentons, mes demoiselles,
Que VOLTAIRE vit encor! (*bis*).

Bien que pour le *roi de Prusse*
Il eut souvent de l'esprit,
Le Français, l'Anglais, le Russe
Acclament cet érudit...
Si sa verve nous *réveille*,
Parfois pour *taper de l'œil*,
Ce bon VOLTAIRE à merveille
Nous berce dans son... Fauteuil! (*bis*).

VOLTAIRE se perpétue :
A nos regards attendris,
Sa mâle et fière statue
S'élève au cœur de Paris...
Et, pour couronner sa gloire,
Un *riche Tailleur*, enfin,
Vient d'ouvrir, à sa mémoire,
Un splendide Magasin ! (*bis*).

RUE ET BOULEVARD DU TEMPLE,
Avec plaisir le Public,
Près du *Château d'Eau*, contemple
Ses *Costumes* pleins de chic...
Puisqu'il se fait, pour nous plaire,
Marchand d'Habits, aujourd'hui,
Vite courons, à VOLTAIRE,
Nous faire HABILLER par Lui ! (*bis*).

A MAZARIN

Paroles et Musique par Étienne DUCRET

Peut se chanter sur l'air : JE BRACONNE.

Rue ANCIENNE-COMÉDIE,
2, — au *Carrefour Buci*, —
Le Public ravi s'écrie :
« Halte !.. arrêtons-nous ici !.. »
L'*Etudiant* , joyeux drille,
Fréquente ce Magasin..,
Et s'habille, et s'habille } *bis.*
Avec chic A MAZARIN !...

L'*Ouvrier*, le *Bureaucrate*,
Le *Commis* et le *Gandin*,
Le *Democ*, l'*Aristocrate*,
Le *Chansonnier*, le *Rapin*,
Le bon *Père de Famille*,
Le *Vieillard* et son *Bambin* :
On habille, on habille } *bis.*
Tout le monde A MAZARIN !

Tu te dis, ma vieille Branche :
« Si je pouvais, cet hiver,
Me requinquer le dimanche.. ;
Mais ça coûte par *trop cher*.. ! »
Moi, sans crainte qu'on étrille
Mon modeste saint-frusquin,
Je m'habille, je m'habille, } *bis*
Gentiment A MAZARIN !..

Au concours académique,
Plus d'un apprenti-savant
Ne *remporte*, c'est comique,
Que... *sa veste*, bien souvent.
Et, lorsque sont en bisbille
L'Institut et son Parrain,
On *s'habille*, on *s'habille* } *bis.*
Là-bas,... comme A MAZARIN !

MAZARIN narguait la FRONDE ;
Ici, le ROI DES TAILLEURS
Trône,... et se rit, à la ronde,
De ce que l'on dit ailleurs ...
Si sur son compte on babille,
C'est pour chanter ce refrain :
« On s'habille, on s'habille, } *bis.*
Bel et bien A MAZARIN !.. »

LE BON DIABLE

Paroles et Musique par Étienne DUCRET

Peut se chanter sur l'air de *Madame Angot*.

REFRAIN

Doux, affable,
Fort aimable,
Franc, loyal, toujours riant,
Le *Bon Diable*
Fait le Diable
Pour plaire à chaque client !

Sur sa queue on nous corne
Mainte folle chanson...
On parlera dans l'Orne
De son *point d'Alençon !*
J'aime à le voir, sa *corne*
D'abondance à la main,
Et son joyeux front qu'orne
La corne de l'hymen !

Doux affable, etc.

Trente-neuf, dans la *rue*
De Rivoli, l'on dit
Qu'à sa porte on se rue,
On s'écrase, on bondit !
Près de la *Tour Saint-Jacques*,
Ebaubi, le Pékin
Reluque ses *Casaques*
D'*Elbeuf* et de *Nankin*...

Doux, affable, etc.

Le *Bon Diable* dégote
Ses rivaux... en effet,
En fait de *Redingote*,
On dirait qu'il a fait
Dessiner par Lenôtre
Ce fin *habillement.*—
Qui dit que chez un autre
Mieux on s'*habille... ment!*

Doux, affable, etc.

De l'affiche on se fiche :
Il en pleut !... trop souvent
Plus d'un hâbleur affiche
Et proclame qu'il vend
Pour rien !!! c'est incroyable !
Mes amis, pour savoir
Qu'il ne vaut pas le Diable,
De suite, allons-y voir !

Doux, affable, etc.

Si, pour le roi de Prusse,
Le jaloux répond : *nix !*...
Pour le Français, le Russe,
Ce Diable est un phénix...
Arrière, vain fantôme,
Diable des contes bleus :
Si le *Bon Diable* est homme,
Ses prix sont *fabuleux*...

Doux, affable, etc.

AD. GODCHAU

PAROLES ET MUSIQUE PAR **ÉTIENNE DUCRET**

REFRAIN

La *Redingote* gote
Et le *Pantalon*
Long,
Gilet, Veste, Habit, Cotte
Et *Paletot*
Chaud chaud :...
Tout ça se cote cote
A *bon Marché*, chez chez le peau
Le grand Go... Go...
Chez le grand God... GODCHAU !...

Quand tout pleure misère,
Quand tout est hors de prix,
Amis,
Comment se peut-il faire
Qu'aujourd'hui, dans Paris
Surpris...
— La Redingote... etc.

Dans le siècle où nous sommes,
Si tout n'est qu'alambic
Et tic,...
Si l'*habit* fait les hommes,...
Pour donner au public
Du chic,...
— La Redingote... etc.

Fripon, qui fais ta mousse
Dans ton riche coupé ;...
Dupé,
Que le Vice éclabousse
Souston *veston* fané,
Pané...
— La Redingote... etc.

Plus d'un Rival, qui peste,
Ose de l'emporter
Tenter :...
Mais remportant sa *veste*,
Il peut, sans se vanter,
Chanter :
— La Redingote... etc.

Jadis, par le *passage*
Vivienne, ô Clients, en
Passant,
Il n'eût été pas sage
De passer à l'écart :
Car, car...
— La Redingote... etc.

Tandis qu'elle s'écoule
Sous son grand ciel ouvert,
Colbert
Semble dire à la Foule,
En fredonnant un air
D'Auber :
— « La Redingote... etc. »

Faubourg-Montmartre, il ouvre,
Tout à côté
De la *Cité-*
Bergère, un nouveau Louvre ;
En sortant, le Dandy
Se dit :
— « La Redingote... etc. »

Là, si de votre emplète
Vous n'êtes pas content,
Comptant
Le Caissier fort honnête
La reprend, et vous *rend*
L'argent !...
— La Redingote... etc.

A pied comme en calèche
Puisqu'on accueille ici,
Merci !
Pour *requinquer* ta dèche,
O ma Muse, allons-y
Aussi...
— La Redingote.., etc.

PARIS. — IMPRIMERIE JULES LE CLERE ET Cᵉ, RUE CASSETTE, 29.

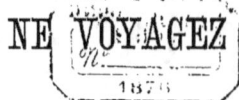

LE B, A, BA DU VOYAGEUR

(Fantaisie-Fanfare)

PAR ÉTIENNE DUCRET

Sur l'air de : *Allons, Chasseurs, vite en campagne*

Puisque j'ai l'heureux avantage
D'être CHANSONNIER par état,
Tata, tata,
Tata, ra, tata,
Je chante l'Homme qui VOYAGE :
A Bade, Aix, Spa, Nice, Étretat,
Tata,
Tata, ra, tata,

Avant tout, vous savez, sans doute,
Qu'il faut avoir soin, mon petit,
Titi, titi,
Titi, ri, titi,
De ne jamais se mettre en route,
Sans avoir un... GUIDE CONTY...,
Titi,
Titi, ri, titi,

Ce GUIDE CONTY, bon apôtre :
A pied, à cheval, en wagon,
Ton ton, tonton ,
Tontaine, tonton!
Mène, *d'un bout du Monde à l'autre,*
Ses voyageurs..., même en ballon,
Tonton,
Tontaine, tonton!

Dans chaque endroit où l'on s'arrête,
On est sûr d'être bien traité,
Tété, tété,
Tété, ré, tété,
Par le Marmiton, la Soubrette,
Et même par... l'AUTORITÉ,
Tété,
Tété, ré, tété,

« Halte-là! vos papiers, ma chère! »
Criait le gendarme Pitou,
Toutou, toutou,
Toutou, rou, toutou,
« Sans *Passe-port*, à la frontière,
Belle, on ne passe pas du tout!
Tou tou,
Toutou, rou, toutou !... »

Mais la Bayadère, avec grâce,
Sans s'émouvoir, lui repartit :
« Titi, titi,
Titi ri, titi,
Mon Brigadier, pardon, je passe :
Car j'ai là mon... GUIDE CONTY,
Titi,
Titi, ri, titi!... »

Dans certains HÔTELS, la *punaise*,
Aux Voyageurs *piqués*, la nuit,
Nuit.., quel ennui!...
Tandis qu'avec LUI,
Chacun peut *ronfler* à son aise;
Et jamais il ne nous en *cuit,*
Cuit, cuit,
Cuit, cuit, cuit, cuit, cuit.

Toi, qu'on voit souvent, saperlotte!
Par les *Sirènes,* les *Péris,*
Pris, pris, pris, pris,
Au cœur de Paris,
Grâce à CONTY, de la *Cocotte,*
Bon PROVINCIAL, tu te ris,
Ris, ris,
Ris, ris, ris, ris!

CONTY vous conduira, Madame,
A la *Source* où la jeune Hébé,
Bébé, bébé,
Bébé, bé, bébé!
Trouve ce que cherchait Pyrame
Sur les genoux de sa... Thisbé:
Bébé,
Bébé, bé, bébé!

Quand nos *Moitiés* vont en campagne,
Dans les sentiers de la *Vertu,*
Tutu, tutu,
Tutu, rlu, tutu!
Que ce GUIDE les accompagne,
Ou si non nous serions, vois-tu :...
Tutu,
Tutu, rlu, tutu !

Quand je fuirai la tourbe immonde
Où grouille notre Genre humain,
Tintin, tintin,
Tintin, rin, tintin,
Je veux partir pour *l'autre Monde,*
Mon GUIDE CONTY dans la main...
Tintin,
Tintin, rin, tintin !

Le nom de l'auteur de ces GUIDES
De la plaine au mont retentit :
Titi, titi,
Titi, ri, titi !
Et, du sommet des *Pyramides,*
La Lune contemple CONTY,
Titi,
Titi, ri, titi!

Puisqu'au *boulevard Montmartre,* onze,
La Foule assiége ton bureau :
Taïaut! taïaut!
Et me fait écho,
Que ton grand BAROMÈTRE en bronze,
O CONTY, soit toujours au *beau*
Beau, beau,
Toto carabo!

OFFICE DES GUIDES CONTY
11, Boulevard Montmartre, 11

EXTRAIT DE LA COLLECTION :

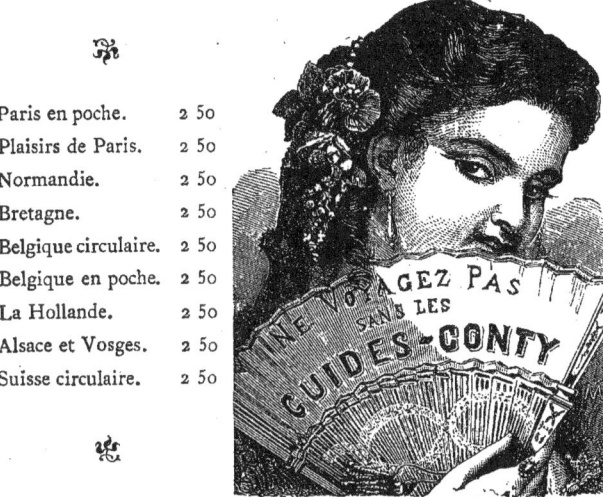

Paris en poche.	2 5o
Plaisirs de Paris.	2 5o
Normandie.	2 5o
Bretagne.	2 5o
Belgique circulaire.	2 5o
Belgique en poche.	2 5o
La Hollande.	2 5o
Alsace et Vosges.	2 5o
Suisse circulaire.	2 5o

Suisse et Bade.	2 5o
Oberland bernois	2 5o
Bords du Rhin.	2 5o
Musées illustrées.	1 5o
Environs de Paris.	1 5o
Trouville en poche.	1 5o
Le Havre en poche.	1 5o
Lune de miel à Spa.	1 5o
Bruxelles en poche.	2 ««

Les **GUIDES CONTY**, essentiellement pratiques, sont les seuls qui correspondent à l'itinéraire tracé par les billets circulaires. — Clairs et précis, ils résument tout, malgré leur prix minime.

IMPOSSIBLE AVEC CES GUIDES D'ETRE EMBARRASSÉ
Envoi contre 2 fr. 5o en timbres-poste.

GRAND BAZAR DU VOYAGE
Paris. — 16, Place de l'Opéra, 16. — Paris.
MAISON WALCKER

Le boulevard des Capucines. — Vue prise du Bazar du Voyage.
Diplôme d'honneur à l'Exposition de Paris 1875

LE GUIDE-CONTY

Paroles et Musique par ÉTIENNE DUCRET

REFRAIN :

En France, à l'Étranger, mes Amis, sapristi !
Ne voyagez jamais sans le Guide-Conty...

Aux bons *Hôtels* dont il connaît le porche,
Il nous conduit...; le *Bayard-voyageur*
Y peut entrer, *sans reproche et sans peur*
Que l'hôtelier tout vivant ne l'*écorche*...
— En France, à l'Étranger, etc.

Amants du *Beau*, du *Bien*, du *Confortable*,
Avec ce Guide on doit trouver partout,
Chacun suivant ses moyens et son goût :
Charmant accueil, bon gîte et bonne table...
— En France, à l'Étranger, etc.

Si, par hasard, la Maison, que *Lui-même*
Il nous enseigne..., oubliait son devoir,
Le délinquant s'exposerait à voir
Son toit frappé d'un terrible anathème !
— En France, à l'Étranger, etc.

Aux Erudits, au Touriste, à l'Artiste,
Des *Monuments*, des *Curiosités*
A visiter dans toutes les cités
On offre, ici, la pittoresque liste...
— En France, à l'Étranger, etc.

Nous trouvons là mille points de repère,
Grâces auxquels, en paix, nous évitons :
L'Ecueil en *Mer*, l'abîme sur les *Monts*,
Et les *Brigands* dans leur sombre repaire !!!
— En France, à l'Étranger, etc.

Comme il connaît, *Lui*, tous les *tours-du-Monde*,
Pour nous soustraire à l'ongle du vautour
Qui voudrait bien nous faire voir le *tour*,
En trucs malins sa boussole est féconde...
— En France, à l'Étranger, etc.

A Baden, Spa, Biarritz, il révèle
Aux sots *Pigeons*, qu'on triche en les plumant,
Le moyen sûr de faire... *honnêtement*
Sauter la banque... au lieu de... leur cervelle !
— En France, à l'Étranger, etc.

Aux *Bains de Mer* dirigeant leur corvette,
Aux Céladons il désigne toujours
La Côte où l'Huître abonde..., où les Amours
Peuvent le mieux pêcher à la crevette !
— En France, à l'Étranger, etc.

Suisse, Allemagne, Italie, Angleterre,
De *Londre* au *Caire*, à *Madrid*, aux *bains-d'Aix*
Cosmopolite et *polyglotte* index,
Il nous fait voir tous les coins de la Terre !...
— En France, à l'Étranger, etc.

Vade-Mecum, *Étoile* tutélaire,
Boussole qui nous mènes à bon port,
Dans plus d'un cas tu sers de *passe-port*
A qui désire enjamber la Frontière.
— En France, à l'Étranger, etc.

A ce *Mentor* gaîment je me confie ;
Quoique poltron, je vais pouvoir oser
Sur l'Océan (même sans m'exposer),
Filer bientôt jusqu'à Philadelphie.
— En France, à l'Étranger, etc.

Pour qu'en Amis, et dans l'Europe entière,
Nos Voyageurs s'accostent en chemin,
Et, ce *Guidon* fraternel à la main,
Chantent en chœur : « Il n'est plus de frontière ! »
— En France, à l'Étranger, etc.

Puisqu'en ce Monde émaillé d'Anicroches,
Un *bon-Conseil*, mes Amis, vaut de l'or,
Pour se priver d'un semblable trésor,
Il faut n'avoir pas... deux francs dans ses poches !...
— En France, à l'Étranger, etc.

ARTICLES DE VOYAGE

DRUGÉ, Palais Bonne-Nouvelle.

WALCKER, 42, rue Rochechouart.

PRÉ, 6, rue des Coutures Saint-Gervais.

MOYERAT, place du Théâtre-Français.

BUREAU, 85, rue Richelieu.

VOILLOT, 211, rue Saint-Denis

THALOUPE, 188, rue Saint-Martin.

ARONDEL, 40, rue Neuve-St-Merry.

BEAUREPAIRE, galer. Feydeau

CARRIOT, 14, rue Birague.

COUCHOUD, 21, rue Poissonnière.

DABAT, 1, rue de Picardie.

NE VOYAGEZ PAS SANS LE GUIDE CONTY

— Ce papier ne me suffit pas, et il me faut des références plus sérieuses.
— Mais vous voyez bien que j'ai le Guide Conty !!!
— Alors, madame, c'est superlatif et plus que suffisant.....

LIBRAIRIE ET ADMINISTRATION
Paris, 11, Boulevard Montmartre.

DOCK DU CAMPEMENT (Au pont de fer), 14, boulevard Poissonnière.

E. VESSIÈRE, 372, rue Saint-Honoré.

CH. KLEIN, 63, rue des Vinaigriers.

KROGUER, 16, rue Portefoin.

LARCHER, 7, rue d'Aboukir.

MANVOY, 84, rue Lafayette.

MIDOCQ, 151, rue du Temple.

MORAND, 34, rue Greneta.

OSMONT, 94, boulevard Sébastopol.

STOLLÉ, 167, rue Saint-Dominique.

TOUSSAINT, 26, rue du Grenier Saint-Lazare.

WAGONS-LITS-BOUDOIRS, Place de l'Opéra, 2.

LES GUIDES-CHAIX, RUE BERGÈRE, 20.

AGENCES DE TRANSPORTS

COMPAGNIE DE TOUAGE, de Conflans à la mer, — 2, quai de Seine (Villette).
FLAGEOLLET frères, — Transport maritime, affrêtement, etc., — 20, rue Paul-Lelong.
LEMY, GLINEUR et Cᵒ — (Belgique, Hollande, Allemagne, Suisse), — 11, rue du Caire.
TALION, BOUSSION et Cᵒ — (Belgique, Hollande, Allemagne, Autriche, Italie) — 19, rue du Mail.
ISEMBERT, Transport à forfait — (Angleterre, Espagne, Portugal), — 6, rue des Vinaigriers.
MESSAGERIE HOLLANDAISE — (Renseignements et recouvrements), — 87, rue Saint-Sauveur.
LEBEAU et Cᵒ, — Agents des chemins de fer anglais, — 48, rue des Victoires.
LIGNE ALLAU, — Paquebots-poste anglais (GUSTAVF BOSSANGE), — 16, rue du Quatre-Septembre.
MESSAGERIES MARITIMES, — Paquebots-poste français (Nouveau-Monde), — 4, rue de la Paix.

LE BON CHOCOLAT

PAROLES ET MUSIQUE PAR ÉTIENNE DUCRET

PARIS

CHEZ L'AUTEUR : 64, RUE DE VAUGIRARD.

LE BON CHOCOLAT

PAROLES ET MUSIQUE PAR ÉTIENNE DUCRET

Je pos-sède un goût é - tran-ge, Pour un en-fant d'Apol-lon.; Tout ce qui se boit se man-ge, A chan-ter me semble bon. Quand je m'y mets tout y pas-se Tel que vousmevo-yez là. Je chante en vi dant ma tas-se, Ma tas--se de choco-lat. Je chante en vi dant ma tas-se, Ma tas - se de cho-co - lat.

D.C.

LE BON CHOCOLAT

PAROLES ET MUSIQUE PAR ÉTIENNE DUCRET

(Peut se chanter sur l'air : FAUT-IL AVOIR DU GUIGNON.)

Je possède un goût étrange
Pour un enfant d'Apollon :
Tout ce qui se boit, se mange,
A chanter me semble bon...
Quand je m'y mets, tout y passe ;
Tel que vous me voyez là,
Je chante en vidant ma tasse,
Ma TASSE DE CHOCOLAT...   bis.

Quand mon épouse s'avise
De me chercher, pour un rien,
Une noise... et m'agonise,
En me traitant de... vaurien,
Cette Xantippe chenille
Voudrait... mais je crie : « Holà !
Moi, je n'aime la Vanille
Rien que dans le CHOCOLAT... »   bis.

Caressant sur sa palette
Un petit lingot gris-fer,
Un Rapin faisait risette :
« Est-ce, lui dis-je, mon cher,
Le portrait de Juliette,
Un saint que vous croquez là? »
— « Non,... vous voyez.... en tablette,
Je croque du CHOCOLAT... »   bis.

Amant fidèle et tenace
Du Bien, du Bon et du Beau,
Au Laid je fais la grimace :
Ça se comprend !... — Quant à l'Eau,
Si je geins quand on m'en fourre
En sablant du Marsala,
Avec plaisir je savoure
Le Lait dans mon CHOCOLAT !...   bis.

Si la Crevette câline,
A la folie aime ça ;
En crème, en beurre, en praline,
En pastille,... et cætera,
Dans l'ardeur qui le consume,
Arthur, près de Paméla,
En l'embrassant, croit qu'il hume
Une GLACE AU CHOCOLAT !   bis.

L'Espagnol, c'est véridique,
Vers quinze-cent-vingt, s'en vint,
Nous rapportant du Mexique
Le... CACAO, — pas en vain : —
Car, depuis Anne d'Autriche,
En France on se regala,
Chez le pauvre et chez le riche,
En mangeant du CHOCOLAT...   bis.

Modestes, suivant l'histoire,
Furent ses premiers agrès;
Mais, à présent, c'est notoire,
L'engrenage est en progrès :...
On machine en politique,
Tout se mécanise, hélas!...
A la vapeur, on fabrique
La plupart des CHOCOLATS !   bis

De cet aliment tonique
Si radical est l'effet,
Que, de notre République
Pour refaire le Budget,
Vrai ! je voterais d'emblée
Pour qu'enfin l'on imposât
Aux membres de l'Assemblée
L'usage du CHOCOLAT !...   bis.

Pour nous, c'est, quoi qu'il advienne,
Un élément de succès :
Car, à Paris comme à VIENNE,
Pour l'honneur du nom français,
Quand MENIER gagne la grande
Médaille du Chocolat,
Pour l'Industrie allemande,
Mes Amis, QUEL choc !... holà !...   bis.

Donc, si quelqu'un veut l'adresse
Du meilleur Chocolatier,
De tous côtés l'on s'empresse
De l'envoyer chez... Menier !...
Il suffit que l'on y touche,
Pour s'écrier : « Oh!! là là !
Rien n'est suave à la bouche
Comme ce CHOCOLAT - là. »   bis.

CHOCOLAT-MENIER

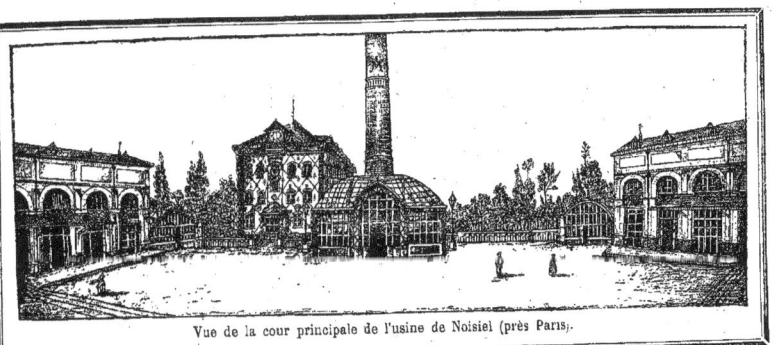

Vue de la cour principale de l'usine de Noisiel (près Paris).

EVITER LES CONTREFAÇONS

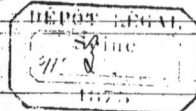
CE N'EST PAS LA PEINE

DE SE PRIVER DE

BONS CRÉPIN

Façade de la Maison CRÉPIN ainé (47 mètres de développement)

PAROLES ET MUSIQUE PAR ÉTIENNE DUCRET

PARIS

CHEZ L'AUTEUR : 64, RUE DE VAUGIRARD

CE N'EST PAS LA PEINE

DE SE PRIVER DE

BONS CRÉPIN ·

PAROLES ET MUSIQUE PAR ÉTIENNE DUCRET

Mon homme à la fin je m'ennui e D'être en garni mon Dieu pourquoi Chez les autres passer sa vi e Quand

on peut se mettre chez moi Sans avoir de l'argent en coffre Et puisqu'à tout le monde on dit Qu'à crédit

le bon Crépin of fre Tout table chaise et même un lit En a ca jou noyer vieux chêne Ce n'est pas la

peine ce n'est pas la peine Non pas la peine assu ré ment De se pri ver d'a meu ble ment

CE N'EST PAS LA PEINE

DE SE PRIVER DE

BONS CRÉPIN

PAROLES ET MUSIQUE PAR ÉTIENNE DUCRET

ou

AIR : *de la Mère Angot.*

Mon homme, à la fin je m'ennuie
D'être en garni,... mon Dieu ! pourquoi
Chez les autres passer sa vie,
Quand on peut se mettre chez soi,
Sans avoir de l'argent en coffre ?...
Puisqu'à tout le monde l'on dit
Qu'à crédit le bon *Crépin* offre
Tout : table, chaise... et même un lit
En acajou, noyer, vieux chêne :
　　Ce n'est pas la peine *(bis)*
Non, pas la peine assurément
De se priver d'Ameublement !

Pour qui veut sauter en mesure,
Il a des orgues, des pianos ;
Dans sa berceuse ou sa voiture
Se balancent nos banbinos !
Sa pendule à la fine aiguille
Pour le travail marche toujours ;
A la ménagère gentille,
Pour marquer l'heure des amours,
Il offre la montre et la chaîne :
　　Ce n'est pas la peine *(bis)*
De se priver d'un mouvement
Que l'on règle à tempérament !

Quand son four magique pétille
A la flamme de son soufflet,
Pour laver mon linge en famille,
Sa lessiveuse aussi me plaît,...
Chez-nous, en prenant pour modèle
Les patrons du livre-tailleur,
Sa machine à coudre *Fidèle*
Sera l'emblème de mon cœur...
On peut se payer ça sans gêne :
　　Ce n'est pas la peine *(bis)*
De priver nos bonnes mamans
De ces utiles instruments !

Si l'ouvrier dans la débine
En *bons Crépin* convertissait
Ce qu'il gâche à boire chopine
Sur le comptoir du cabaret,...
Le dimanche laissant sa blouse
Et sa casquette sur l'étau,
Il pourrait avec son épouse
Se pavaner en paletot...
Pour deux ou trois francs par semaine,
　　Ce n'est pas la peine *(bis)*
Non pas la peine assurément
De se priver d'un Vêtement !

On braille, on pérore, on s'assemble,
On rage, on réclame partout
Son droit : c'est bien ! mais il me semble
Que le devoir passe avant tout !
L'exemple de *Crépin* nous prouve
Que, si toujours l'homme de cœur
Dans l'ordre et dans l'épargne trouve
Le sûr garant de son bonheur,
Le vice au malheur nous entraîne :...
　　Serait-ce la peine *(bis)*
Quand on peut vivre honnêtement
De devenir un garnement !

Sa loyauté proverbiale
Sait équilibrer son budget...
Naguère, dans la capitale,
Quand l'ennemi nous assiégeait,
Plus d'un, courbant son front servile,
Devant l'honneur a reculé...
Crépin aîné, de Vidouville,
Lui, n'a jamais capitulé ! ! !
De ce fait la preuve est certaine :
　　Ce n'est pas la peine *(bis)*
De te faire un long boniment
Sur ce grand Etablissement !

Femme, ton plaidoyer me touche,
Vrai, le moment est bien choisi :
C'est aujourd'hui la sainte-touche,
En nous promenant , allons-y !
De ma barbe, tiens, prends l'étrenne,
Mets ton bonnet, ton caraco...
Pour faire ton bonheur, ma reine,
Courons Boulevard Ornano !
Pour six sous l'omnibus y mène :
　　Ce n'est pas la peine *(bis)*
De se priver de l'agrément
D'aller prendre un Abonnement !

CRÉPIN AINÉ, DE VIDOUVILLE

(MANCHE)

11, 13, 15, BOULEVARD ORNANO, 11, 13, 15

PARIS

PARIS. — IMP. RICHARD-BERTHIER, 18-19, PASSAGE DE L'OPÉRA.

LA CARTOUCHE GEVELOT

PAROLES ET MUSIQUE PAR ETIENNE DUCRET

(Peut se chanter sur l'air : *Satan dit un jour à ses pairs.*)

REFRAIN.

Que tout Français qui touche
L'arquebuse ou le *chassepot*,
Rende, pour sa *Cartouche*,
Hommage à GEVELOT !

Bien qu'elle n'ait pas inventé
La POUDRE, je l'avoue,
Ici, j'en suis épouvanté,
Ma Muse se dévoue
En affrontant ce sujet
Dont le but a pour objet
Que tout Français qui touche, etc.

Qu'en 1380, *Schvartz*,
Ou qu'en douze cent seize,
Bacon en ait doté les arts ;
Qu'elle soit Suisse, Anglaise,
D'Oxford ou bien de Fribourg,
La POUDRE veut, en ce jour,
Que tout Français qui touche, etc.

De l'Orne il est le *député*,
A l'Assemblée il siège ;
A la Défense il a prêté
Sa Poudre dans le siège...
Sur sa poitrine je vois
De l'Honneur briller la *croix* :
Que tout Français qui touche, etc.

Est-ce à moi, pauvre oiseau chanteur,
De fêter le *Salpêtre ?*
Non ! et pourtant, du fond du cœur,
Parfois je dis : « Peut-être !.. »
En songeant à l'Allemand,
Je sens qu'il est bon vraiment
Que tout Français qui touche, etc.

O France ! ô ma Patrie, ils t'ont
Mutilée !.. — «Elle est morte !..»
Hurlait le farouche Teuton... —
Plus puissante et plus forte,
Bientôt... — mais, en attendant
Ta revanche, il est prudent
Que tout Français qui touche, etc.

De revanche on parle beaucoup :...
Ce rêve est plein de charmes....
Moi, certain d'en venir à bout
Bien mieux que par les armes.
Je voudrais... (chacun son goût)...
Mais, il faudrait, malgré tout,
Que tout Français qui touche, etc.

Pour ne plus en venir aux mains,
De s'armer il est sage,
Si nous en croyons des Romains,
Ce respectable adage :
« *Parare bellum, Civis,*
Oportet, pacem si vis...»
Que tout Français qui touche, etc.

Entre nous, Peuples, si la paix
Se voyait proclamée,
Ensemble marchant au progrès
Sans krup et sans armée,
Le Prussien gonflé d'orgueil
Verrait alors d'un bon œil
Que tout Français qui touche, etc.

La *Poudre* ne servant alors,
De toutes les manières,
Qu'à faire enfin sauter les forts,
Les remparts, les frontières,
A la France le Germain
Dirait en tendant la main :
« Que tout Français qui touche, etc.

Les canons, on les fondrait tous
Pour couler des chaudières,
Des bronzes d'art et des gros sous...
Avec des *canardières*,
Je voudrais, en s'escrimant
Sur les bêtes seulement,
Que tout Français qui touche, etc.

Oh ! vienne l'heure où nos héros,
Laissant dormir la foudre,
Aux renards, aux loups, aux pierrots
Réserveront leur poudre ;
Et, soldats de Saint-Hubert,
Chanteront sur l'air d'Auber :
« Que tout Français qui touche, etc.

Pour l'Humanité quel beau jour !
Sans peur et sans reproche,
En battant la campagne pour...
Alimenter la broche,
Le futur Guillaume-Tell
S'écrîrait, nouveau Vatel :
« Que tout Français qui touche, etc.

De nos chambrettes, au surplus,
Ornant les boiseries,
Les *Biscayens* ne seraient plus
Que des... chinoiseries ;...
Et, sans craindre le trépas,
Ceci n'empêcherait pas
— « Que tout Français qui touche, etc.

Je rends les armes : c'en est fait,
En tirant à la cible,
Ma Muse a raté son effet..
Bah ! j'y suis peu sensible :
Si mon vers a fait long feu
Qu'importe !... pourvu, morbleu!
Que tout Français qui touche, etc.

JULES GEVELOT

— Ma MUSE cordiale et franche
Préfère la Paix aux Combats...
Moi, qui ne tûrais même pas
Un pauvre oiselet sur sa branche,
Pas même un moucheron... hélas !
Quand des milliers d'hommes s'égorgent...
Quand nos ruisseaux de sang regorgent,
Et quand c'est à qui vantera
Des engins que je n'aime guère,
Je m'écriais encor naguère :
« Bon Dieu ! qui donc inventera
Un fusil pour tuer la Guerre !
La Guerre, qui la détruira?... »

. . . .

— Sur tout ce qui sentait la poudre,
En dépit du père *Amelot*,
J'aurais lancé mon javelot,
Sans même épargner GEVELOT :
Mon vers grondait comme la foudre
Fabriquer ce funeste *grain*
Mais c'est une œuvre de *Mandrin*,
C'est un vrai métier de *Cartouche* : ...
Puisqu'on *roue* encor la cartouche
Sur le fer luisant du mandrin !... »

— Et pourtant, c'est incontestable,
Sans ce plomb *maudit* du chasseur,
Le Fauve envahissant l'étable,
Bien maigre serait notre table,
VATEL mourrait sans successeur...
Pauvres animaux que nous sommes,
Ne faut-il pas mettre aux abois
Toutes les *bêtes* de nos bois
Pour nourrir et faire des hommes ?...

— Et quand la *Patrie* en danger,
Aux menaces de l'étranger
Veut répondre;... qu'un peuple frère
Réclame un appui tutélaire...
Quand la voix de la *Liberté*
Tonne avec le canon d'alarmes,...
Il faut avoir de bonnes armes ;
Vaincre ou mourir avec fierté !...

. . . .

— Sans munitions et sans vivres,
Par les ravins et sous les givres,
Le courage seul coûte cher...
D'une *aiguille*, d'un brin de paille
Dépend le gain d'une bataille;
On sait qu'en face de *Blücher*
La fraude d'une lâche cendre
Fit que la *Garde*, sans se rendre,
Succomba noblement jadis !...

— Donc je me trompais,.. et je dis :
La poudre a du bon !... Quand un brave
Se prépare au combat qu'il brave,
Il prend sa giberne qu'il ceint,
Bien garnie, autour de son sein...
Brûlant de se couvrir de gloire...
Il part,.. et tes soins journaliers
Vont, du fond de tes ateliers,
O Général des *armuriers*,
L'aider à gagner la victoire !

— Salut donc, oui, salut encor
A ton vaillant état-major !...
Car l'Industrie est une armée....
A la pointe de la framée
La gloire, ici-bas, comme l'or,
Il faut bien que tout se conquière...
Mais, connétable ou fabricant,
Comme *Turenne* on est fier... quand
On choisit son aide de camp
Dans la famille de FEUQUIÈRE !

— Va, si l'*Étoile de l'honneur*
Brille aujourd'hui sur ta poitrine,
C'est que, père dans ton usine,
Homme de bien, homme de cœur,
Sans fiel, sans morgue, sans envie,
Sur les déshérités du sort,
Avec ces instruments de *mort*,
Ton bras fécond répand la *vie* !

— Mais qui suis-je, moi, qui t'offris
Ce gage de reconnaissance?
Faisons plus ample connaissance :
Mon éloge aura plus de prix.

— De Dijon part mon humble histoire :
J'y vins au monde... et mon berceau
Pour auréole eut le cerceau
D'un vieux fût... J'ai peine à le croire,
Car le vin que j'aime mieux boire,
En Bourgogne, serait de l'eau...
L'*Ouche* était, là-bas, ma *Voulsie* ;
Mais, jeune, à Lyon transplanté,
C'est le *Rhône* que j'ai chanté !...
Sur ses bords pleins de poésie
J'ai fait, sinon fortune, au moins
Mes premiers pas... Ils sont témoins
Dé mes enfantines fatigues ;
Et le murmure de ses digues
Dirait, en ce siècle de fer, —
Hélas ! à quoi bon le redire ! —
Tout ce que j'ai gaîment souffert,
Tout petit, plus grand, sans en rire,
Mais toujours, pourtant, sans maudire !

— Or, blond *Lévite*, à dix-huit ans,
Jetant la soutane aux orties,
J'ai parcouru, depuis ce temps,
Bien des carrières assorties.
Vif, actif, j'échangeai d'abord
La *Calotte* pour la *Férule;*
Puis, quittant ma chaise curule,
La *Basoche* me prit à bord ..
Ce métier n'est pas artistique !..

— Février vint tout déranger...
Et, nos dieux fuyant le Portique,
Avec *de Lisle* et *Béranger,*
J'entonnai l'air patriotique...
Il fallait vivre,.. et, cliquetant,
Ma lame, d'assez bonne trempe,
Alla ferrailler un instant...
Mais c'était au feu... de la *Rampe* !

— O chère médiocrité !
O modeste célébrité !
Jours légers, qu'aujourd'hui j'envie !...
On mangeait *vingt-cinq francs* par mois ;
Sautant sur les pics de la vie,
Leste et fringant comme un chamois !
Je n'ai pas connu la famine...
Ce que c'est que l'amour de l'Art :
Si plus maigre restait ma mine,
Plus grasse était la soupe au lard...
Puis, la *Drogue* devint ma scie :
Ah ! Dieu, comme je m'en donnai,
Quand, un beau jour, j'abandonnai
Molière pour la *Pharmacie* !

— A Paris j'accours, triomphant,
Emportant la femme et l'enfant...
Bédame ! l'on n'était pas riche,
On ne savourait pas la miche
Tous les jours... mais, qu'importe au fond !
Je voyais l'Étoile au plafond ;
L'Espérance riait dans l'âtre;
Et, sur mon chevet, *Malfilâtre,*
Le soir quand j'étais là rêvant,
Semblait me crier : « En avant ! »
Dans mon grenier, sur l'escabelle,
Ma Muse était toujours ma belle,
Belle de nuit !... car tout le jour
Il fallait trimer sans relâche ;
Et ce n'était qu'après la tâche
Qu'en veillant on causait d'amour !

— J'aurais pu faire comme un autre ;
Mais, sans être meilleur apôtre,
A la chope des cabarets,
A l'*absinthe* je préférais
Ces loisirs purs et sans tapage...
Ainsi naquirent, page à page,
Cês chers enfants de mon cerveau :
Sonnet, chanson, drame nouveau ;
Dieu sait ce que tout cela vaut,
Hélas ! paroles et musique !...
Qu'elle soit hugotte où classique,
Peu de chose, beaucoup ou rien...
En prenant par la passerelle,
Ma Muse eût pu, je le sais bien,
M'assurer mon pain quotidien ..
J'attendais que ma tourterelle,
Libre, volât vers l'Avenir ;
Et j'aimais mieux l'*entretenir*
Que me faire nourrir par Elle !
Chacun son goût ! . . . .
. . . . — Mieux eût va u
Peut-être tout autre système.
Par malheur, il aurait fallu
Tendre la main, battant la flème,
Et dans un verre de Bohême
Tremper l'aile de mon poëme...
Or, sans être plus maladroit,
Je voulais conquérir moi-même,
Par le travail, au moins le droit
De frayer avec nos illustres...
Ceci dure depuis six lustres !...

— Pendant quatre ans (autant qu'on peut !)
Évitant la fraude et l'usure,
J'empruntai, j'en rougis un peu,
Son caducée au dieu *Mercure.*

Dans cette voie, allant à pied,
J'ai, d'une main honnête et fière,
Avec des *rames* de papier
Su conduire une *Montgolfière* !
Mon règne ne fut pas très-long ;
Le fil qui tenait mon ballon
Un matin dans mes doigts se brise !..
Châteaux de *feuilles*, par la brise
Emportés,... adieu !... Par bonheur
Tout était perdu, fors l'honneur !

— Voyant s'évanouir mon rêve,
Au lieu de m'asseoir sur la grève,
Je dis : « Ce qui m'a réussi
Pour le bien d'autrui, pour moi-même
Ne puis-je le tenter aussi ?
Marchons ! et me suive qui m'aime !... »
Lors, à mon compte, j'ai frété
(O doublons de mon escarcelle,
Pauvres doublons !...) une nacelle
Pour voguer vers la Liberté,
En passant par la Cochinchine....
A la vapeur je m'arrangeai,
Nouveau Kœnig, une machine
Brevetée S. G. D. G.
Aux écueils que n'ai-je songé !

— Plein de courage et de vaillance
Je m'embarquais avec transport ;
Et, lesté par ta bienveillance,
J'entrevoyais déjà le port...
Et puis, sans tambours ni trompettes,
Travaillant pour nos *Canrobert*,
Poëte-imprimeur d'étiquettes,
J'espérais rendre à *Guttenberg*
Ce que lui doivent les poëtes !

Avec un modeste magot,
Plus d'un a su faire fortune ;
Mais j'oubliais, *stultus ego* !
Que bien choisir l'heure opportune
Est capital !... et que l'on doit
Monter prudemment sa courroie...
Qu'à l'engrenage, en maladroit,
Si l'on se prend le petit doigt,
Le bras entier souvent s'y broie !

— Alors, tu me voyais d'*Issy*
M'entêter à mon steeple chase,
Et jeter, avec *Palissy*,
Au bûcher ma dernière chaise ;

Enfin, mon esquif *réussi*,
Échouer au *Père-Lachaise* !
. . . .
— Hélas ! un moment j'eus bien peur
Que ma pauvre *mouche-à-vapeur*,
Au lieu des trésors de Golconde,
Au moment de toucher le port,
Ne m'envoyât dans l'autre monde,
Ce fruit d'un rude et *cher* effort !

— En me rachetant ma *bégame*,
Toi qui sauvas ma cargaison,
Toi qui me rendis la raison
Alors que j'allais rendre l'âme,
Toi qui m'adoucis ce revers,
Si le poëte ne te donne
Qu'une simple *pièce de vers*
Pour CINQ CENTS *pièces d'or*, pardonne !
J'ai, sur des lambeaux de carton,
Gravé, dans l'ombre monotone,
Un *million* de fois ton nom ;
Si du grand jour j'atteins l'aurore,
Je veux qu'il brille, et qu'on l'honore
Des *millions* de fois encore
Dans mon modeste Panthéon !

— Avant que je suive, à la file,
Nos fiers poëtes malheureux ;
Avant qu'abandonné comme eux,
L'hôpital m'offre pour asile
Le lit de *Gilbert* encor chaud,..
Consacrant un noble principe,
Je veux, en chantant GEVELOT,
Faire ce que fit *Hégésippe*
Pour son patron *Firmin Didot* :
Chacun rend grâce à sa manière !...

— Ainsi, vaincu par ta pitié,
Je fais la *paix* avec la *Guerre* ;
Je forme un pacte d'amitié
Avec l'École-Militaire. .
Sauvé ! mais il n'est pas trop tôt !
En hommages expiatoires
J'apporte ici mon *ex-voto*
A *Notre-Dame des Victoires !*

— Plus de satire désormais !
Sensible au bienfait qui me touche,
Mon vers n'osera plus jamais,
Jamais *déchirer* la CARTOUCHE ! ! !
. . . .
ETIENNE DUCRET.

PARIS. — IMPRIMERIE JULES LE CLERE ET Cⁱᵉ, RUE CASSETTE, 29.

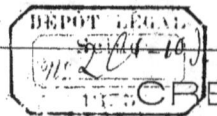

CRÉDIT RESSUSCITÉ

PAR

CRÉPIN AINÉ, DE VIDOUVILLE

(MANCHE)

PAROLES ET MUSIQUE PAR ÉTIENNE DUCRET

PARIS

CHEZ L'AUTEUR, 64, RUE DE VAUGIRARD

CRÉDIT RESSUSCITÉ

PAR

CRÉPIN AINÉ, DE VIDOUVILLE

PAROLES ET MUSIQUE D'ÉTIENNE DUCRET

O Vidou_ville humble ci_té sois fiè_re Sous les ar_ceaux de tes sapins est né L'homme de bien que la muse ouvri_è_re Chante et pro_clame i_ci Crépin aî_né Si saint Cré_pin dans sa niche en_fu_mé_e Est le par_rain du cor_donnier lu_ron De sa fi_dèle et vigi_lante ar_mé_e No_tre Cré_pin est aus_si le pa_tron. Salut toi

CRÉDIT RESSUSCITÉ

CRÉPIN AINÉ, DE VIDOUVILLE

(MANCHE)

PAROLES ET MUSIQUE D'ÉTIENNE DUCRET

ou

AIR : *Ne raillez pas la Garde citoyenne.*

O *Vidouville*, humble cité, sois fière !
Sous les arceaux de tes sapins.... est né
L'homme de bien, que la Muse ouvrière
Chante et proclame, ici, *Crépin Ainé* !...

Si Saint *Crépin*, dans sa niche enfumée,
Est le parrain du cordonnier luron,
De sa fidèle et vigilante armée
Notre *Crépin* est aussi le patron...

Salut ! toi, dont la virile bottine
Nargue l'Envie,... et qui, sans biscaïen,
De renverser la stupide Routine
Dans ton génie as trouvé le moyen !

Au Travailleur la défiance louche,
Comme un affront, jadis, avait jeté
Ce cri brutal, passé de bouche en bouche :
Crédit est mort !... tu l'as ressuscité !

Sur son Trépied oui tout Paris contemple
Ta *Lessiveuse*... et le maître-d'hôtel
Vient admirer à genoux dans ton temple,
Nouveau *Vatel*, ton *Fourneau* maître-autel...

Là, *le Progrès* réunit les merveilles
De l'industrie aux chefs-d'œuvre de l'art :
Bronzes, Tableaux, Pendules sans pareilles;
Machine à coudre, orgue, piano d'Erard !

Fine *batiste,* ou prosaïques *toiles* :
A bon marché, tous les goûts ont beau jeu.
Là, pour fêter madame... trois étoiles,
X..., l'autre jour, meubla son salon bleu.

Grâce à *Crépin,* de la piquante Adèle, —
Simple commis, — le fiancé vraiment,
Sans se gêner peut la mettre *chez elle :*
Car l'abonné paie *à tempérament...*

Fille du peuple, abeille infatigable,
Qui ne dois rien qu'au travail de tes doigts,
Là, sans rougir, *l'utile* et *l'agréable,*
Te sont offerts : pour tes *huit francs par mois*!

Avec ces *Fleurs,* si tu choisis, Lisette,
Cette *Croix d'or* pour parer ton beau cou,
Ce *Gobelet* d'argent nous fait risette :
A la Patrie il veut qu'on boive un coup !...

Quand je l'acclame, ici, sans raillerie,
Comme un bon père à tous il fait accueil,
Ses clients sont, dans son hôtellerie,
Nourris, couchés, vêtus, blanchis .... *à l'œil* !

A *l'œil* il chauffe, il éclaire,... ô délire !
Heureux mortel, l'enfant comme l'aïeul
Apprend chez lui, pourvu qu'il sache lire,
Au dernier chic à s'habiller tout seul...

Que l'*Usurier* lui fasse la grimace !
Homme de cœur et plein de loyauté,
Pour l'artisan, oui, son comptoir remplace
Caisse d'Epargne et Mont-de-Piété !...

O bon *Crépin,* propage ton système,
Le vin, l'amour, la chanson, le bon pain,
Nos huissiers, nos propriétaires même :
Tout se paira bientôt en *bons Crépin* !

Vers le bonheur, guide, avec assurance,
La probité qui chez toi se complaît :
Pour nos désirs, ton char de l'*Espérance*
Est l'omnibus toujours au grand complet.

Va, de succès en succès, marche, roule...
Ton nom provoque un général bravo...
De tous côtés on entend dans la foule
Qui t'envahit *Boulevard-Ornano* !...

« O *Vidouville,* humble cité, sois fière :
Sous les arceaux de tes sapins est né
L'homme de bien, que la Muse ouvrière
Chante et proclame, ici, *Crépin Ainé* ! »

CRÉPIN AINÉ, DE VIDOUVILLE

(MANCHE)

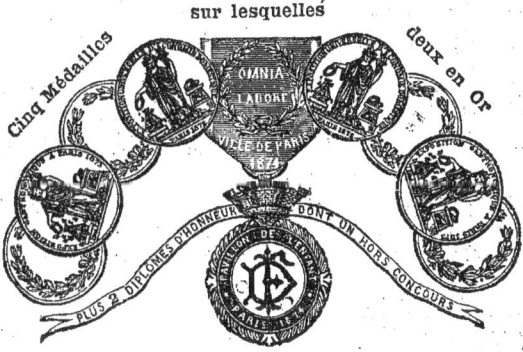

11, 13, 15, BOULEVARD ORNANO, 11, 13, 15

PARIS

PARIS. — IMPRIMERIE JULES LE CLERE ET Cᵒ, RUE CASSETTE, 29.

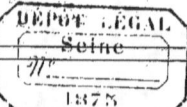
L'EAU de LÉCHELLE

(Couplets sanitaires)

Paroles et Musique

PAR

ÉTIENNE DUCRET

PARIS

CHEZ L'AUTEUR: 64, RUE DE VAUGIRARD

L'EAU DE LÉCHELLE

PAROLES ET MUSIQUE PAR ÉTIENNE DUCRET

L'EAU de LÉCHELLE

PAROLES ET MUSIQUE PAR ÉTIENNE DUCRET

(Peut se chanter sur l'air : FAUT-IL AVOIR DU GUIGNON ; ou : JE BRACONNE)

Sur l'*Échelle Sociale*
Enfourchant son échelon,
Pacifique ou martiale,
Chacun vante, c'est selon,
Son Invention nouvelle
Qui,... Mais, en fait d'EAU surtout,
    De l'*Échelle* (*bis*)
LÉCHELLE tient le haut bout !...

Chantons cette EAU DE LÉCHELLE,
Amis, ce n'est pas *en vain* :
Puisque du haut de l'*échelle*
Coule ce Nectar divin !
Quand je monte, à tire-d'aile,
Vers l'Olympe à son glouglou,
    De l'*Échelle* (*bis*)
LÉCHELLE tient le haut bout !...

Ce grand prêtre d'Esculape
Nobles, Vilains et Troupiers,
Restaure, embellit, retape
Les gens de la tête aux pieds !...
Comme la *Santé*, ma Belle,
Du bonheur est l'avant-goût,
    De l'*Échelle* (*bis*)
LÉCHELLE tient le haut bout !...

Gai Philanthrope, aux deux Chambres
Siége !... car ton *Eau* saine a
Le don d'affermir les membres,
Si bien que, même au Sénat,
De cette Onde fraternelle
Chacun voudra boire un coup :
    De l'*Échelle* (*bis*)
LÉCHELLE tient le haut bout !...

La *Bouche* aime sa DENTINE ;
L'*Œil*, son COLLYRE ; le *Teint*
Chérit sa GLYCÉROLINE ;
L'*Orteil* frétille en son BAIN...
Sa SOIE ÉLECTRIQUE excelle
A nous soulager en tout :
    De l'*Échelle* (*bis*)
LÉCHELLE tient le haut bout !...

O *Parfum d'Hygie* ! Arome
De Jeunesse ! Ô SOLUTÉ,
O Liniment, dont le baume
Garde ou nous rend la beauté !
Douce AMANTA, quand Estelle
Prend Némorin par le cou,
    De l'*Échelle* (*bis*)
LÉCHELLE tient le haut bout !...

De l'ANTI-BILE LÉCHELLE,
O ma Muse, parle bas :
Sa *Pilule* universelle
Fait aller, du même pas,
Le Gandin et la Donzelle,
Le Manant... les Rois itou :...
    De l'*Échelle* (*bis*)
LÉCHELLE tient le haut bout !...

Philosophe, Dramaturge,
Au *physique*, (comme vous
Au *moral*,) elle nous purge
De nos vices ! — entre nous,
Jusqu'à la croquer quand elle
Pousse mon confrère About,
    De l'*Échelle* (*bis*)
LÉCHELLE tient le haut bout !...

La chose est si bonne à *prendre*,
Qu'un PICK-POKET, à Paris,
Aima mieux mourir que *rendre*
Le peu qu'il en avait *pris !*...
Pour raffraichir la cervelle
Du Rageur dont le sang bout...,
    De l'*Échelle* (*bis*)
LÉCHELLE tient le haut bout !...

Français, si, pendant la Guerre,
On avait, pour notre bien,
Pu faire avaler, naguère,
Cette *Dragée* au Prussien,
Pas un Uhlan sur sa *selle*
Ne serait resté debout :...
    De l'*Échelle* (*bis*)
LÉCHELLE tient le haut bout !...

De la *Paix*, de l'*Equilibre*
On s'est trop préoccupé :
Puisque LÉCHELLE rend *libre*
Le *Corps* le plus *constipé*,
Son action sera telle
Qu'on évacûra partout :
    De l'*Échelle* (*bis*)
LÉCHELLE tient le haut bout !...

De la Villette à Plaisance,
Vous qui vivez en *commun*,
Dans la *gêne* ou dans l'*aisance*,
Gens du monde ou du Commun,
Sachez bien que, sans *ficelle*,
Et sans nous monter le coup,
    De l'*Échelle* (*bis*)
LÉCHELLE tient le haut bout !...

Oui, crions : « Vive LÉCHELLE ! »
Et, de dépit, dussions-nous
Faire grimper à l'*Échelle*
Tous ses Concurrents jaloux,
Au fronfron du violonchelle,
Chantons ce gai la-ï-tou :
    « De l'*Échelle* (*bis*)
LÉCHELLE tient le haut bout !.. »

PARIS. — IMPRIMERIE JULES LE CLERE ET Cᵒ, RUE CASSETTE, 29.

EN CHASSE !...

Paroles et Musique par ÉTIENNE DUCRET

REFRAIN :

Bon Chasseur, pique au fond du bois,
Et sache réduire, à la fois, (*bis*)
L'Amour et le Cerf aux abois. (*bis*)
Ton ton, ton ton, ton ton,
Ton ton ton ton ton taine,
Ton ton, ton ton ton ton
Ton ton ton taine
Ton ton ! (*bis*)

En chasse ! le cor résonne...
Gare à toi : *Faon, Biche, Daim !*
A toi, fringante Amazone !
Gare à toi, vieux Châtelain!
Ton ton ! ton ton !
— Bon Chasseur, pique,... etc...

Ton, ton ! preux Baron, courage !
Au ciel brille ton haubert ;...
Que ton fier cimier s'ombrage
Des lauriers de... Saint-Hubert,
Ton ton ! ton ton !
— Bon Chasseur, pique, etc.

Taiaut! mes chiens hors d'haleine !...
Sus au gibier !... le trait part...
Le sang jaillit... et la plaine
Retentit de toute part :
Ton ton ! ton ton !
— Bon Chasseur, pique, etc.

Halali !... le Cerf qui brame
Tombe, au revers du sentier,
Au pied du Seigneur... la Dame,
Aux bras du jeune Écuyer...
Ton ton ! ton ton !
— Bon Chasseur, pique, etc.

Debout, l'Hôtesse gentille !
Vite, servez au Piqueur
Des brocs, un vin qui pétille,
Et cent baisers au Vainqueur !...
Ton ton ! ton ton !
— Bon Chasseur, pique, etc.

ARTICLES DIVERS

MACHINES A COUDRE

Silencieuse Bacle, — 46, rue du Bac.
Elias Howe Junior,—48, boulevard Sébastopol.
Machine Howe, — 329, rue Saint-Martin.
Mayer fils, — 72, boulevard Sébastopol.
Mutel, 2, — passage Saint-Sébastien.
La Discrète, — 6, rue de la Michodière.
L. Saugy, — 92, rue du Temple.
Singer, 94, — boulevard Sébastopol.
Crespin (de Vidouville),—11, boulevard Ornano.
    — machine à plisser et à tuyauter.
La Parisienne, — 4, passage Saulnier.
Mayer, — 72, boulevard Sébastopol.
Richourg,— 20, boulevard Sébastopol.

Coffres-forts — Haffner, —12, passage Jouffroy.
Piano Quatuor,— 9, boulevard des Italiens.

A. LOISY, 6, rue du Louvre.

Maison la plus importante pour la fourniture de tout ce qui concerne les SERVICES DE TABLE pour Hôtels, Cafés, Restaurants, Buffets, Paquebots, Casinos, etc.

Appareil Lhote, pour Eau de Seltz, 1, cité Trévise.

Allumeur Électrique Voisin,—41, rue S-Fargeau.

Fusil Jarre, — 28, boulevard Poissonnière.
Articles de chasse, Smets, — 9, r. Rochechouart.

Chapellerie Rufin, — 76, passage du Saumon.

Parapluies, Ombrelles et Cannes,
Au Paragon de Fox,
13, rue du Quatre-Septembre, 13.

Plus de froid aux pieds! Semelles adhérentes,
Lacroix, 1, rue Auber.

Couverts et orfévrerie, — Lemaitre et Ridoux,
18, boulevard Voltaire, 18.

Chaussures pour Dames, — Maison A. Petit,
334, rue Saint-Honoré, 334.

3.

LA
DOUCE REVALESCIÈRE DE SANTÉ

DE

DU BARRY

Paroles et Musique par ÉTIENNE DUCRET

———∞———

Peut se chanter sur l'air : *Des deux Sœurs de Charité* (BÉRANGER).

———⋖⋗———

REFRAIN

Qu'à grands cris
Paris
Te bénisse, REVALESCIÈRE
DU BARRY,
Par qui
Le *Saint-Père*
Est guéri !

O délicieuse FARINE,
Qui refais nos tempéraments
A peu de frais, sans médecine,
O le meilleur des aliments !
Depuis bientôt *trente printemps,*
Dans les Mansardes, dans les Cures,
A l'Atelier comme au Palais,
Puisque près de *cent mille* cures
Attestent tes nombreux bienfaits,
— Qu'à grands cris, etc.

Chère à nos Cœurs, à nos Poitrines,
A nos Estomacs délicats,
Des gens dont tu fleuris les mines :
Seigneurs, manants, bourgeois, prélats,
Pour noter les certificats
Il me faudrait plus d'un volume ;
Mais, d'autre part, quand il lira
La page où tout ça se résume,
Avec moi le Public dira :
— « Qu'à grands cris, etc.

Le fin BISCUIT-REVALESCIÈRE
Est doux aussi, vois-tu, Prosper :
Cette mouillette nourricière
Convient à qui l'appétit perd.
En Angleterre, plus d'un Pair
Croque ce BISCUIT, le dimanche,
En s'embarquant sur son steamer,
Afin de traverser la Manche
Sans avoir peur du mal de mer !
— Qu'à grands cris, etc.

Mais, ce qui surtout m'affriande :
C'est ce brouet *chocolaté*
Qui, dix fois mieux qu'un suc de viande,
Me nourrit avec volupté...
Du BARRY donne, en vérité,
Vingt-quatre bols de cet arôme
Pour *quatre-vingts* sous parisis :
Courons-y donc, PLACE *Vendôme,*
Messieurs, au numéro VINGT-SIX !
— Qu'à grands cris, etc.

MAISONS RECOMMANDÉES
PAR LE GUIDE CONTY

Chapeaux de paille, feutres, fleurs, plumes,
fournitures pour modes.
DELATTRE, 11, rue Vivienne.

Chocolats supérieurs, Cᵒ Coloniale,
132, rue de Rivoli, 132.

Grand Hôtel, 12, boulevard des Capucines.

Grand Hôtel du Louvre,
rue de Rivoli et place du Palais-Royal.

Chemiserie spéciale,
102, boulevard Sébastopol, 102.

Ameublements de luxe et de fantaisie.
Maison MAZAROZ et RIBALIER,
100, boulevard Richard-Lenoir, 100.

Eau minérale naturelle de Vichy,
22, boulevard Montmartre.
— 28, rue des Francs-Bourgeois.
— 187, rue Saint-Honoré, 187.

Source des Bains de César,
5, rue d'Isly, 5.

Voitures de luxe et fantaisie.
BELVALLETTE frères,
24, avenue des Champs-Elysées.

Bonneterie, Chemiserie. — BORREL,
189, rue Saint-Honoré, 189.

Meubles et siéges. — SCHMIT et PIOLLET,
22, rue de Charonne, 22.

Fleur de Sauterne, Vins fins et spiritueux.
Maison Charles POITEVIN et Cᵉ,
E. MALÉZIEUX, 7, rue du Conservatoire.

A la Corbeille fleurie.
Parfumerie PINAUD et MEYER,
37, boulevard de Strasbourg.

Spécialité de foulards riches.
A la Malle des Indes,
24 et 26, passage Verdeau.

Pâtes alimentaires. Maison BOUSQUIN.
A Notre-Dame-des-Victoires,
26, 28, 30, galerie Vivienne.

Rubans, velours, dentelles.
Maison de l'Ermite. Prosper LESEUR,
23, rue Aubert, 23.

Serrurerie artistique. — THIRY, jeune.
121, rue Lafayette, 121,

Orgues de salon et d'église, pianos-orgues.
ALEXANDRE père et fils.
106, rue Richelieu, 106.

Savon royal de Thridace.
Parfumerie VIOLET,
225, rue Saint-Denis, 225.

Chocolat Lombart.
Maison MEUNIER fondée en 1760,
Bréveté en 1789 par Louis XVI.
75, avenue de Choisy, 75.

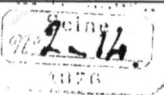

IMMENSE SUCCÈS

L'ENCRIER MAGIQUE

INÉPUISABLE

PAROLES ET MUSIQUE PAR **ÉTIENNE DUCRET**

PARIS

A LA MANUFACTURE GÉNÉRALE D'ENCRES

AD. TEISSONNIÈRE ET CARRÉ

29, 31, passage Dubail; — rue des Vinaigriers, 50

L'ENCRIER MAGIQUE

INÉPUISABLE

PAROLES ET MUSIQUE PAR ÉTIENNE DUCRET

PIANO.

Ciel!...d'ef-froi l'on s'é-car-te, En voy-ant le Pa-ris Les murs gris,

Cou-verts d'u-ne pan-car-te, Qui... vous... mais, à go-siers Déployés, Sou-

-dain vous ri-ez, Vous vous é-cri-ez: «Ces deux bouil-lants guer-riers,...

Ce sont deux pau, deux pau pau pau, deux pau-vres EN-CRI - ERS!...»

L'ENCRIER MAGIQUE

INÉPUISABLE

PAROLES ET MUSIQUE PAR ÉTIENNE DUCRET

Peut se chanter sur l'Air : *Il est un petit homme.*

Ciel ! d'effroi l'on s'écarte,
En voyant de Paris
　　Les murs gris
Couverts d'une pancarte
Qui vous... mais, à gosiers
　　Déployés,
　　Soudain vous riez,
　　Vous vous écriez :
« Ces deux bouillants guerriers,
　　Ce sont deux pau,
　　Deux pau pau pau
Deux pauvres *Encriers!*... »

Un *Pot*, une *Bouteille*,
Au goulot le pourpoint,
　　Dague au poing,
Se fendent... de la vieille
L'encre épatée, en sang
　　Noir s'épand.,.
　　Malgré sa vertu,
　　C'est... turlututu !
Le pot de grès qui fut,
　　Par le pot pot
　　Le pot pot pot,
Le pot de fer... battu!...

De ces pots (c'est étrange!)
Comment l'un devint-il
　　Alguazil ?...
Qu'entre auteurs on se mange :
Je comprends ce vieux us,...
　　Mais qu'en sus,
　　Nos *Encriers* drus
　　S'avalent tout crus,
Compère Lustucru,
　　L'eusses-tu cru?
　　Qui l'aurait cru
Si l'on ne l'avait vu?...

De l'*Encrier Magique*
J'aime, en ces gais tournois,
　　L'air Dunois...
Empire ou République,
Ici, quelle que soit
　　Notre foi,
　　Toute plume doit,
　　Y trempant son doigt,
Gribouiller avec moi :
　　« Honneur à toi,
　　Des encri cri,
Des *Encriers* le roi ! »

Sur tes brevets illustres,
Encrier Juif-Errant,
　　Quoi ! pendant
Des centaines de lustres,
S. G. D. G. prétend
　　Que ton flanc
　　N'est jamais à sec !...
　　Pour écrire avec,
Il faudra, dans *mille ans*,
　　Avoir des plu,
　　Des plu, plu, plu,
Des plumes de *Milans*...

Cet *Encrier* bon diable,
Bien que pour père il eût
　　Belzébuth,
Au méchant, au coupable
S'il ferme, à double tour
　　Son pourtour,
　　Sa bouche en retour,
　　Laisse de son four,
Pour le dieu des Amours,
　　L'*Encre* cou cou
　　Cou cou cou cou
L'*Encre* couler toujours...

Oui, coule, toujours coule,
Au sud, à l'est, au nord,
　　A plein bord !
Partout j'entends la foule,
Jusques à *Laon*, crier :
　　« *Encrier*,
　　Comme à Cana, quand
　　On veut de l'*Encre*... en
Poussant ton fin ressort...,
　　Plus on en ti
　　Ti ti ti tire,
Ami, plus il en sort!... »

De la Bouteille à l'encre,
Sortez, enfin, sortez,
　　Vérités...
Et de l'Espoir que l'ancre
Soutienne tes agrès,
　　O Progrès,...
　　Sur notre drapeau
　　Inscrivons, bien haut,
Ces mots avec fierté :
　　« Egalité,
　　Fraternité,
Travail et Liberté !... »

IMMENSE SUCCÈS

L'ENCRIER MAGIQUE

INÉPUISABLE

Cet appareil simple et commode renferme un principe colorant, dont la combinaison chimique, inconnue dans les arts, donne **instantanément** une **Encre** *indélébile, inaltérable*, toujours *limpide*, sans **boue**, *n'oxydant pas* la plume et n'encrassant pas l'**Encrier**.

Sa durée est, en quelque sorte, **illimitée !**...

Pour obtenir de quoi écrire, par jour, une grande page, pendant « un siècle », il suffit de verser, *de temps en temps*, une cuillerée d'*eau froide* dans l'appareil, en l'*agitant* quelques secondes...

Pour recevoir *franco* L'ENCRIER MAGIQUE INÉPUISABLE, à Encre *noire administrative*. — Encre *à copier*. —Encres *bleue, rouge, violette, verte*, etc., envoyer cinq francs, en mandat ou timbres-poste, à MM. les Directeurs de la Manufacture générale d'Encres, passage Dubail, 29, 31 ; — 50, rue des Vinaigriers, à PARIS.

TEISSONNIÈRE et CARRÉ

RÉCOMPENSES OBTENUES POUR DIVERS PRODUITS PAR T. C.

l'auteur des sortes A B C :

Exposition 1867 . . . . Médailles d'or et d'argent.
Société industrielle de Mulhouse . . . . — d'honneur.
Exposition de Vienne . . . . Grand Diplôme d'honneur.
Récompense de la Société nationale d'Encouragement.

VIENT DE PARAITRE :

ENCRE SÈCHE MAGIQUE

CHEZ TOUS LES PAPETIERS DE FRANCE ET DE L'ÉTRANGER

4241 — PARIS. IMPRIMERIE JULES LE CLERE ET Cⁱᵉ, RUE CASSETTE, 29.

A M. R. BARLERIN, Pharmacien-chimiste, à Tarare (Rhône).

PROPAGATEUR ET GRAND DÉPOSITAIRE GÉNÉRAL

DE

LA FARINE MEXICAINE

DEL DOCTOR BENITO DEL RIO

DE MEXICO

PAROLES ET MUSIQUE PAR **ÉTIENNE DUCRET**

PARIS

CHEZ L'AUTEUR: 64, RUE DE VAUGIRARD.

LA FARINE MEXICAINE

PAROLES ET MUSIQUE D'ÉTIENNE DUCRET.

LA FARINE MEXICAINE

PAROLES ET MUSIQUE D'ÉTIENNE DUCRET.

Peut se chanter sur l'air : *Quand on regarde la colonne.*

1

On a chanté, sur l'air de la *Colonne* :
Le vin, l'amour, la gloire,... et cætera...
Sur l'estomac qui se crispe ou ballonne,
Je vais chanter les cures qu'opéra !
Un régal cher aux chanteurs d'opéra !..
Si découvrant la côte américaine,
Colomb subit de funestes effets,...
Le monde entier bénira les bienfaits
  De la *Farine Mexicaine !...* (*bis*).

2

Si sur ce globe, où tout tombe en poussière,
La poudre tue, en dépit des congrès,
Sans faire injure à notre *devancière*,
D'une autre *poudre*, en amis du Progrès,
Faisons ici l'éloge, sans regrets...
Quand le salpêtre, aux *Jean-Bart*, aux *Duquesne*,
Prête sa foudre,... il est un suc vainqueur,
Qui vous refait la poitrine et le cœur :
  C'est la *Farine Mexicaine !* ... (*bis*).

3

De nos *enfants* soutenant la faiblesse,
Cet *aliment* de nos feux égrillards
Est le confort de la belle *jeunesse* ;
Et, s'il nous rend plus dispos, plus gaillards,
Il est aussi le *Lolo* des *vieillards* ! ...
Quant nous avons passé la soixantaine,
Ce qui nous garde un éternel printemps,
Et nous fait vivre au moins jusqu'à *cent ans*,
  C'est la *Farine Mexicaine* ! ... (*bis*).

4

L'*aménorrhée* et la pâle *chlorose*,
Bronchite aiguë, implacable *carreau*,
Rhume, scrofule, anémie et *nécrose*,
Qui mirent tant de gens sur le carreau...
N'ont plus qu'à bien se garder à carreau :
Car, au moyen de sa douce hygiène,
A ces fléaux imposant son haro,...
Ton *pectoral* les tient à l'écart,... ô
  Bonne *Farine Mexicaine !...* (*bis*).

5

Vous, *catharreux, phthisiques, pulmonaires*,
Qui *languissez* d'un mal *prématuré*,
De ce POTAGE aux vertus débonnaires,
Quand votre sang se sera saturé,
Je vous promets un SALUT assuré !...
Méchants, *bourrus*, que la *bile* malmène,
En gambadant avec hilarité,
Vous réndrez grâce à l'*efficacité*
  De la *Farine Mexicaine !...* (*bis*).

6

Oui, grâce à lui, coulant des jours prospères,
Par ce *Nanan* régénérés... bientôt :
Filles, garçons, bonnes mamans, grands-pères,
Sur les comptoirs du docteur *Benito*,
Viendront en chœur porter leur *ex-voto* !...
Noble *Lady*, modeste publicaine,
A *quatre francs la livre* goûtez-en :
Puisque le Ciel enfin nous fait présent
  De la *Farine Mexicaine !...* (*bis*).

7

Après CINQ ans de chagrin et de veille,
On me menait, hélas ! à Charenton :
Quand savourant ce *dictame*... ô merveille !
J'ai recouvré la rime et la raison...
Heureux et fier de cette guérison,
Bon BARLERIN, toi qui calmes ma peine,...
Avec amour chantant : Magnificat !
Mon Apollon s'offre en certificat
  A ta *Farine Mexicaine !...* (*bis*).

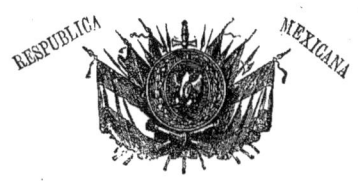

RESPUBLICA MEXICANA

LA

FARINE MEXICAINE

Del doctor BENITO del RIO

DE MEXICO

N'est pas une préparation pharmaceutique, mais un *aliment sain, fortifiant, réparateur* par excellence, qui *plaît au goût* de tous les malades, à cause des formes variées sous lesquelles elle peut être prise. Aujourd'hui, beaucoup de médecins éminents recommandent **la Farine mexicaine** aux vieillards *épuisés*, aux convalescents, aux enfants *faibles* et *lymphatiques*, pour ses propriétés *digestives* et *toniques*.

PLUS DE 100,000 MALADES GUÉRIS PEUVENT AFFIRMER

Que cette précieuse découverte est le seul remède vraiment efficace contre les affections de poitrine, telles que :

La phthisie tuberculeuse.
L'anémie (pauvreté du sang).
La chlorose (pâles couleurs).
L'aménorrhée (suppression chez les femmes).
La dentition retardée chez les enfants.
La rapidité de la croissance (12 à 18 ans).
Les pertes nocturnes.

Le carreau chez les enfants.
Le rhume simple.
La bronchite chronique ou catharre pulmonaire.
Les maladies des os (nécrose).
L'affaiblissement chez les femmes enceintes ou nourrices.
L'épuisement prématuré. — La consomption.

Propagateur dépositaire général

BARLERIN, à Tarare (Rhône).

Pharmacien-chimiste, gradué en médecine, lauréat de l'Académie nationale et de l'Institut scientifique des Deux-Mondes.

Prix — : la boîte de 20 potages : 2 fr. 50. — de 40 : 5 fr. — de 80 : 9 fr. franco à domicile, en France.

On trouve au même dépôt :

Le **Café hygiénique** de santé, et le **Collier Wiatka**, préservatif du **Croup** et de la **Coqueluche.**

SUCCURSALES :

PARIS, 9, place des Petits-Pères, pharmacie TARIN; — 64, rue Basse-du-Rempart, Pharmacie HAUDUC LAURAS.

LYON, 114, quai Pierre-Scize. FARLEY.

Grands dépositaires généraux :

ALENÇON, M. BOULARD-LECORNEY, nég. 10, rue aux Cieux.

TOULOUSE. M. PICARD, jeune, 25, place Saint-Georges.

Et dans toutes les villes, chez les principaux pharmaciens, épiciers, droguistes et confiseurs.

(3602). — PARIS. IMP. JULES LE CLERE ET Cⁱᵉ, RUE CASSETTE, 29.

LA FIDÈLE

PAROLES ET MUSIQUE PAR ÉTIENNE DUCRET

PARIS

CHEZ L'AUTEUR : 64, RUE DE VAUGIRARD.

44

LA FIDÈLE

PAROLES ET MUSIQUE PAR ÉTIENNE DUCRET

Maison CRÉPIN aîné, de Vidouville (Manche)

LA MACHINE A COUDRE SILENCIEUSE

LA FIDÈLE

CHANT DE L'ATELIER

PAROLES ET MUSIQUE PAR ÉTIENNE DUCRET

Peut se chanter sur l'air de : *File, file Jeanne.*

REFRAIN :

En *Silence*,
Danse,
La Cadence
De ton tictac à mon refrain
Donne l'entrain.
Tique, tique, tique!
Tourne, Mécanique,
Tourne, et gaîment, *pique*
Le satin, le velours,
Tourne, mes amours!...

Pique, ma Machine,
La fine bottine,
Fronce la basquine
Aux longs plis soyeux ;
Borde, ourle, soutache
Le voile sans tache
Que la Vierge attache
A son front pieux...
— En *Silence*, etc.

Tourne, à tire-d'aile,
Machine FIDÈLE,
Gracieux modèle,
Joyeux gagne-pain,
Dont l'humble ouvrière,
A CRÉDIT, va faire
L'emplète *peu chère*,
Chez le bon CRÉPIN!
— En *Silence*, etc.

Coquette, mignonne,
Mais *solide* et bonne,
Vers toi papillonne
L'Amour sans danger :
Car le cœur d'Adèle,
Comme toi *fidèle*,
Bat toujours, ma belle,
Sans se déranger !,
— En *Silence*, etc.

Grâce à ta *navette*,
Tandis que Fanchette,
Pour le *bal* achète
Bijoux et rubans,
De la jeune Hortense
L'active prudence
Est la *Providence*
De ses vieux parents..
— En *Silence*, etc.

A la pauvre mère,
Murmurant : « espère! »
Tu berces, ma chère,
L'Ange aux cheveux d'or
Qui, dans sa corbeille,
(Tandis qu'elle veille)
A ton bruit d'abeille,
Sourit et s'endort...
En *Silence*, etc.

Va toujours de même ;
Comme ton *système*
Est Français, l'on t'aime,
Car tu ne crains point,
Non point de rivale :
A notre *pédale*
La Prusse vandale
Montre en vain *le poing !*
— En *Silence*, etc.

Oui, tourne, sautille!
Ta fiévreuse aiguille
Qui d'ardeur pétille,
Brodera plus tard,
Pour notre *revanche*,
L'oriflamme franche,
Rouge, bleue, et *blanche*
De notre étendart!!!..
— En *Silence*, etc.

TOUT A CRÉDIT :

Ameublement, Literie, Vêtements, Horlogerie, Bijouterie, Objets d'art, Orgues, Pianos, Articles de Ménage, Outillages, etc.

LEÇON DE CRÉPIN *AINÉ*, A SON FILS :

> Quand je te céderai la place,
> O mon FILS, suis ma trace...
> Dédaignant les *sots*, les *jaloux*;
> *Loyal*, *utile* et *bon* pour tous,
> Marche en avant, quoi qu'il advienne;
> Et, dans la lutte, avec fierté,
> Que mon exemple te soutienne,
> Que ma devise soit la tienne : —
> « ORDRE, TRAVAIL et PROBITÉ!!!... »

LE NEUVIÈME AGRANDISSEMENT

DE L'ADMINISTRATION

CRÉPIN AINÉ, DE VIDOUVILLE (Manche)

ETAIT INDISPENSABLE POUR SATISFAIRE

SES 200,000 ABONNÉS,..

dont le quart au moins se sert chez lui depuis plus de 10 ans. — Cela prouve, jusqu'à l'évidence, combien cet établissement est utile et agréable à **toutes les classes de la société !**....— car il n'y a pas que l'ouvrier qui se fournisse chez CRÉPIN AINÉ.

La confiance qu'il a su inspirer, en continuant **de livrer à ses clients pendant les deux siéges ;** — le grand choix d'articles que l'on trouve dans ses **Magasins** de près de **6,000 mètres** ; leur bonne qualité et la douceur des prix, y attirent plus encore que la facilité du payement.

Les acheteurs **au comptant** abondent aussi. — Toutes les marchandises étant marquées en chiffres connus et garanties, on ne peut être trompé.

ENTRÉE LIBRE

Deux cent cinquante magasins reçoivent les **Bons** CRÉPIN comme espèces. — On envoie gratis et FRANCO une brochure explicative. — Un employé va traiter au domicile des personnes qui le demandent par lettre *affranchie*.

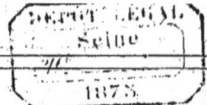

A M. ADOLPHE HUGOT, successeur d'HAMILTON

19, rue Vieille-du-Temple, 19.

PARIS

LA GRAINE DE LIN

PAROLES ET MUSIQUE PAR **ÉTIENNE DUCRET**

PARIS

CHEZ L'AUTEUR : 64, RUE DE VAUGIRARD

LA GRAINE DE LIN

PAROLES ET MUSIQUE PAR ÉTIENNE DUCRET

Faibles mortels le démon de la guer - - re Vous a tou-jours conduits de mal en pis Combien de

sang n'a-t-on pas vu na-gue - re De nos moissons empour prer les é-pis, De nos moissons empour prer les e-

-pis. A s'adoucir quand la rage commen - ce Pour sou-la-ger la veuve et l'orphe-lin Laissez-moi

donc vous faire une ro-man - ce A la graine de lin, A la grai-ne de lin.

LA GRAINE DE LIN

Paroles et musique par Etienne DUCRET

(Peut se chanter sur l'air : *J'ai vu la Paix descendre sur la terre,*)

I

Pauvres Mortels, le démon de la guerre
Vous a toujours conduits de mal en pis...
Combien de sang n'a-t-on pas vu naguère,
De nos moissons empourprer les épis!... (bis)
A s'adoucir quand la rage commence
Pour soulager la veuve et l'orphelin,
Laissez-moi donc vous faire une romance
    A la *Graine de lin!...* (bis)

2

Quand l'Age d'or régnait sur cette terre,
Lorsqu'échéait le *terme* solennel,
Pour son loyer, au bon propriétaire,
On ne donnait qu'un baiser fraternel!... (*bis*)
Le cœur ouvert à la reconnaissance,
Du médisant fuyait le trait malin ;
Et la pudeur ombrageait l'innocence
    Sous son *Voile de lin..*

3

O ma chanson, vole de bouche en bouche,
Prônant partout ce *liniment* vainqueur :
Le patient qui gémit sur sa couche,
Avec amour le presse sur son cœur... (*bis*)
Des insensés calmant l'humeur farouche,
Chaque couplet tracé sur ce vélin,
A son verso porte une douce *couche*
    De *Farine de lin!* (*bis*).

4

A la *guimauve*, onctueux *Mucilage*,
Mêlant tes sucs sur ce lit de *lin* fin,
Porte ton baume à la ville, au village,.
Toile-Hamilton, sois bénie... et qu'enfin (*bis*)
Ce que, dans sa poétique officine,
Victor Hugo fit pour l'alexandrin,
Adolphe Hugot le fasse en médecine
    Pour la *Graine de lin!...* (bis)

LA

TOILE-CATAPLASME-HAMILTON

Cette **heureuse invention** remédie aux inconv'nients de *l'ancien cataplasme*, dont chacun sait, par expérience, les ennuis de *préparation*, la *pesanteur*, et *l'incommodité*.

Il suffit de tremper cette toile dans l'eau chaude pour avoir **à la minute** un cataplasme léger, onctueux, se moulant bien sur la partie malade, laissant toute liberté aux mouvements, et conservant son humidité et sa chaleur, au moyen d'une bande de **BAUDRUCHE IMPERMÉABLE** préparée *ad hoc*.

On peut l'arroser de *laudanum*, d'*arnica*, d'*acétate de plomb*; la saupoudrer de *fécule amidon*, etc.

Elle remplace avantageusement tous les genres de compresses émollientes.

Humectée d'un seul côté, elle tient lieu de *sparadrap*, et sert au pansement des plaies.

Manipulée et exprimée dans l'eau chaude, elle fournit **instantanément** une solution émolliente qui peut être employée en lotions, fomentations, lavements, etc.

Elle est particulièrement recommandée pour le traitement des *affections de la peau*, *péritonites, coliques d'enfants*, etc.

Elle ne *rancit* pas comme la *Farine de lin*, et se garde *indéfiniment* dans sa boîte tenue *au sec*.

— PARIS, IMPRIMERIE JULES LE CLERE ET Cie, RUE CASSETTE, 29.

HISTOIRE
NATIONALE DU COSTUME

Depuis les Gaulois jusqu'à nos jours

PAR ETIENNE DUCRET

Air : *Ne raillez pas la Garde citoyenne !*

— Si, dans ses jours de gloire et de souffrance,
Elle est féconde en grands enseignements,
Souvenez-vous que l'HISTOIRE DE FRANCE
Ne manque pas non plus d'*Habillements* !...

— Jadis, la *Braie* était chère à nos pères ;
Le *Pantalon* jamais ne te quitta,
O mon pays, — et, dans ses Commentaires,
César vanta la *Gaule braccata*.

— En ce temps-là, plein d'une sainte ivresse,
Camulogène, au cri d'*Ambiorix*,
De Massalie, à l'Arverne, à Lutèce,
Suivait les pas de VERCINGÉTORIX.

— Alors, frappant et d'estoc et de taille,
En défendant ton sol hospitalier,
Le fier Gaulois, souvent, dans la bataille,
Pour *Vêtement* n'avait qu'un... *Bouclier !*

— O trahison !... l'étranger se promène
Dans tes cités ;... et, pleurant sur son seuil,
Sous l'oripeau de la *Pourpre* romaine,
Le serf, en vain, cherche à voiler son deuil...

— L'humble *Sayon* fait place à la *Chlamyde* ;
Le *Bardocucullus-Lingonicus*,
L'ample *Péplum* chargent l'épaule humide
Des fils déchus de VINDEX, de BRENNUS...

— Puis, PHARAMOND, CLODION, MÉROVÉE,
CLOVIS sur toi fondent avec leurs FRANCS...
Mais, en jurant ta perte, ils t'ont sauvée :
Ton nom nouveau te va bien... soyons francs !..

— Le Ciel a dit : « *Tu vaincras par ce signe !...* »
Le monde entier salue avec respect
Ton *Labarum*, dont fut souvent indigne
Maint descendant de PÉPIN, de CAPET.

— Laissons en paix le *Froc* et la *Calotte*..
Quel siècle, hélas ! n'a pas eu son travers !)
On rira bien longtemps de la *Culotte*
Que DAGOBERT ne mettait qu'à l'envers...

— Ses successeurs, berçant leur FLANERIE
Sous un *Surcot* de moelleux *camelin*,
Dans un haquet dodelinaient leur vie,
L'*Ampoule* au front et badine à la main...

— A TOI, Seigneur : l'*Escarcelle*, l'*Aumuse*,
Cendal, *Hermine*, *Écrins* du joaillier,
Rochets brodés : quand son maître s'amuse,
JACQUES-BONHOMME est bien bon pour...payer...

— Sous CHARLEMAGNE, une *loi somptuaire*
Met, un instant, le *tailleur* aux abois :
Ce conquérant, qui fit trembler la terre,
Portait aux pieds des *semelles de bois* !...

— Mais, le Vilain se moquant de l'amende,
On voit partout, au crin-crin des *rebecs*,
Sauter : *Pourpoint* bicolor, *Houppelande* ;
Grégues, *Sarreau*, *Toque* et *Poulaine* à becs...

— «*Dieu le veut !*...» France, en désertant tes villes
Pour arracher *Solime* à Lucifer,
Nos CROISÉS font, chevaliers-crocodiles,
Luire au soleil leurs *écailles de fer*...

— Notre vieux Coq ne bat plus que d'une aile ;
Le MOYEN-AGE est paillard et pédant :
Le docte clerc, près de la TOUR DE NESLE,
Mène brouter l'*âne de* BURIDAN.

— Toi qui bravas la FÉODALE astuce,
Salut, MARCEL, salut, ô grand Prévot !..
Car le pli *rouge* et *bleu* de ton *Capuce*
Est aujourd'hui notre drapeau : — bravo !!!...

— Le Vatican brandit en vain sa foudre !
En quinze cent, nous avons : du *Coton*,
L'*Imprimerie*, et des *Bas*, et la *Poudre*,
Et la *Boussole*, et l'*Épingle* en laiton.

— FRANÇOIS Ier nous a donné : la *Trousse*,
Gigot, *Bouffette* et *Braguette* et *Collant* ;
HENRI III porte : et la *Fraise* et la *Housse*,
Ventre-postiche ;.. et tout à l'avenant...

— O temps ! ô mœurs !... on rougit à le dire :
Le dos *busqué*, teint rose et pied MIGNON,
Pour obtenir un souris de leur Sire,
Nos *Favoris* se crèpent le chignon !

— Qui ne connaît le *Costume* HENRI-QUATRE ?
Ce vert-galant avait triple talent :
Quiconque aimait chanter, boire et se battre,
Se ralliait à son *Panache blanc* !...

— A nous : *Rabat*, *Perruque*, *Jarretière*,
Crevés, *Gabans*, *Bottes à l'entonnoir*...
Le *Mousquetaire* avec sa *plume* altière,
Est, à cheval, vraiment pimpant à voir !..

— Du ROI-SOLEIL le *Reingraff* se chamarre ;
Le *Talon* monte ; et le *Toupet* aussi...
Le lourd Faquin, le Tartufe, l'Avare
A la MOLIÈRE est *chaussé*,.. Dieu merci !

— *Manchette* au poing, *Manteau court*, *Bonbonnière*,
Où courez-vous, cher *Abbé*, si matin ?
Voir le lever de l'aube printanière,
Ou POMPADOUR dans son lit de satin ?

— MONTGOLFIER vient !... tout s'enfle et se *ballonne* :
La poche au *Frac* et le *Vertugadin*...
Le Parc-aux-cerfs eut plus d'une lionne,
Et le Roué portait la *Peau de daim*.

— La RÉPUBLIQUE a pris la *Carmagnole* :
Le *Sans-Culotte*, arrachant son *Jabot*,
Pour la Patrie en danger part, et vole
A la victoire, en *Casaque*, en *Sabot*...

— Le DIRECTOIRE, à son tour, fait le diable ;
Le *Muscadin*, chez Ango, doit avoir :
Gourdin, *Binocle* et *Cravate* INCROYABLE,
Perruque blonde à queue,... et *Collet* noir !

— Le débraillé ne connaît plus de borne...
Le Peuple a faim : on met des *Boutons-d'or* ;
Déjà le *Claque* a fait place au *Tricorne*,
Que le gendarme aujourd'hui porte encor...

— LE CONSULAT nous amène : la *Panne*,
Les *Bas chinés*, *Guêtres* et *Lauriers* verts ;
Puis, le Ier EMPIRE reste... en panne ; —
Comme les gens, la *Botte* eut ses *revers*...

— Pendant CENT-JOURS, l'on *restaure*, l'on rogne
La *Redingotte* aux trente-six collets ;...
Le *Pantalon-à-pont* de la Pologne
S'unit (ô honte !) aux *cosaques Gilets* !...

— A s'étrangler, le Français hors d'haleine,
Grotesquement doit se sangler le cou :
Dans chaque *Col* on plante une *baleine* ;
Ce carcan-là ne dura pas beaucoup...

— Avec JUILLET brille une Ère nouvelle...
Vers la Tamise on s'esquivant, sandis !
Le vieux MARQUIS DE CARABAS nous bêle :
Que le *Sous-Pied* remonte à CHARLES-DIX !

— La *Redingotte* à la propriétaire
Devra passer à la postérité :..
De nos cochers le *Carrick* légendaire
Rappellera PHILIPPE-ÉGALITÉ !

— En FÉVRIER tout renaît, tout respire :
Nos *Paletots*, plus légers, sont moins laids ;
Et des *Fripiers*, sous le SECOND-EMPIRE,
Le TEMPLE noir se transforme en palais...

— Depuis ce jour, sans craindre qu'on le blouse,
Même à CRÉDIT... (le Progrès a marché !)
Le Travailleur peut échanger sa *Blouse*,
Contre un *Raglan* faraud,... à BON MARCHÉ !

— Sauf le tuyau de nos raides *Galettes*,
Le vêtement moderne est de bon goût...
En *Montagnacs*, en *Habits*, en *Jacquettes*,
A LA FRANÇAISE on s'habille partout...

— Si des erreurs d'un Régime fantasque
Notre pays, par malheur, est... le bœuf,...
Il a, du moins, dans la grande bourrasque,
Sauvé ses *Draps de* SÉDAN et *d'Elbeuf* !

— En attendant l'heure de la REVANCHE,
Que le passé nous serve de leçon ;
Et, reprenant nos *Habits du Dimanche*,
De l'Espérance entonnons, la chanson !

— Sur ce, Messieurs, de la MODE NOUVELLE
Pour admirer les fins échantillons,
Aux MAGASINS, qu'ici je vous rappelle,
De tous côtés serrez vos bataillons !..

VOIR LES MAISONS SPÉCIALES

CHANSONS ET ANNONCES.

LA MAISON N'EST PAS AU COIN DU QUAI

LE PONT-NEUF

Paroles et Musique par ÉTIENNE DUCRET

REFRAIN

Rions, chantons, buvons rasade,
En chœur, par nos cris,
Mes Amis,
Faisons redire aux échos de l'arcade
Les souvenirs de notre vieux Paris !.. (bis).

Jadis, du vieux PONT-NEUF
Le rond-point centenaire
Était plein comme un œuf...
Clerc, bourgeois, mousquetaire :
Là, chacun s'ébattait,
Buvait, chantait,
Riait, et même se battait !...
Le *Vert-Galant* a vu plus d'une scène
Se répéter en ce royal décor ;
Mais aujourd'hui, puisqu'aux bords de la Seine,
On boit, on aime, on rit et chante encor :

Rions, chantons, etc.

Au temps de Mazarin,
Les badauds, par centaine,
Acclamaient Tabarin ;
Et la *Samaritaine*,
D'un ton lugubre et lent,
Une fois l'an,
Chantait les feux de la Saint-Jean...
Si le palmier de la Samaritaine
Abrite encor nos Suzannes au bain,
A Tabarin ont succédé : *Crétaine*,
La *Préfecture* et le concert *Oblin !*...

Rions, chantons, etc.

Bandits et pick-pockets,
Fuyant les réverbères,
Ont déserté les quais...
Mais, narguant nos cerbères,
Le soir, pimpant, faraud,
Godelureau,
Pour fêter la *Mère — Moreau*,
L'Étudiant va prendre Colombine
Au caboulot.., car au quartier latin
Le carabin marchant sans *carabine*,
C'est l'hôpital, hélas ! sans carabin !

Rions, chantons, etc.

Renversant les abus,
Le Progrès marche, marche :
Autre temps, autres us !...
Le vieux PONT sur son arche,
Voyait, en mil-sept-cent,
Plus d'un passant
Laisser sa défroque et son sang...
Mais, à présent, si tu veux, joyeux drille,
Un *vêtement* confortable et coquet,
A bon marché, le PONT-NEUF nous habille,
ET LA MAISON N'EST PAS AU COIN DU QUAI !...

Rions, chantons, etc.

Salut, noble PONT-NEUF
Qu'ont traversé : Molière,
Et Voltaire et Marbeuf,
Et le flot populaire,
Quand, sans pain, sans *Elbeuf*,
Avec Babeuf,
Beuglait la France, pauvre bœuf !...
Oh ! puissions-nous, quand nous serons grands-pères,
Sous ton arceau toujours vieux, toujours neuf,
A nos Enfants, libres, joyeux, prospères,
Refredonner en dix-neuf-cent-dix-neuf :

« Rions, chantons, et. »

AUX

PHARES DE LA BASTILLE

Paroles et Musique par ÉTIENNE DUCRET

Refrain :

Au Phare de la Bastille,
Enfants de la Grande-Cité,
Entrez,... car ce *Phare* scintille
Au Soleil de la Liberté !

Souvenez-vous qu'à cette même place,
Où se dressait un donjon détesté,
Du vieux Paris la fière populace
A renversé la Féodalité...

  — Au Phare de la Bastille, etc.

A la Bastille une main exécrée
Vous enfermait pour ne plus en sortir.
Libre est, ici; la *Sortie* ;... et l'*Entrée*
Pour le Public est toujours un plaisir.

  Au Phare de la Bastille, etc.

Le noir *Fantôme* a fait place au *Génie* ;
Le *Donjon* morne, au splendide *Palais* ;
Le cri de *haine*, au chant de l'*harmonie* ;
Le dur *carcan*, aux doux et fins *gilets*...

  — Au Phare de la Bastille, etc.

Pour nous offrir des *Vêtements* de fête
Cent doigts charmants y poussent l'aiguille ; et
La nuit, ce *Phare* éclaire jusqu'au faîte
Le fût de la *Colonne de Juillet.*

  — Au Phare de la Bastille, etc.

De même que c'est l'*Habit* qui fait l'Homme,
Le bon *Tailleur* fait seul de bons habits ;
A mon *Tailleur* quand je donne la pomme,
Si ma chanson vous plaît, en criant : « *Bis!*... »
  — Au Phare de la Bastille, etc.

HISTOIRE

NATIONALE DU COSTUME

Depuis les Gaulois jusqu'à nos jours

PAR ETIENNE DUCRET

Air : *Ne raillez pas la Garde citoyenne !*

— Si, dans ses jours de gloire et de souffrance,
Elle est féconde en grands enseignements,
Souvenez-vous que l'HISTOIRE DE FRANCE
Ne manque pas non plus d'*Habillements* ! ..

— Jadis, la *Braie* était chère à nos pères ;
Le *Pantalon* jamais ne te quitta,
O mon pays, — et, dans ses Commentaires,
CÉSAR vanta la *Gaule braccata*.

— En ce temps-là, plein d'une sainte ivresse,
Camulogène, au cri d'*Ambiorix*,
De Massalie, à l'Arverne, à Lutèce,
Suivait les pas de VERCINGÉTORIX.

— Alors, frappant et d'estoc et de taille,
En défendant ton sol hospitalier,
Le fier Gaulois, souvent, dans la bataille,
Pour *Vêtement* n'avait qu'un... *Bouclier* !

— O trahison !... l'étranger se promène
Dans tes cités ;... et, pleurant sur son seuil,
Sous l'oripeau de la *Pourpre* romaine,
Le serf, en vain, cherche à voiler son deuil. .

— L'humble *Sayon* fait place à la *Chlamyde ;*
Le *Bardocucullus-Lingonicus*,
L'ample *Péplum* chargent l'épaule humide
Des fils déchus de VINDEX, de BRENNUS...

— Puis, PHARAMOND, CLODION, MÉROVÉE,
CLOVIS sur toi fondent avec leurs FRANCS...
Mais, en jurant ta perte, ils t'ont sauvée -
Ton nom nouveau te va bien... soyons francs !..

— Le Ciel a dit : « *Tu vaincras par ce signe !.* . »
Le monde entier salue avec respect
Ton *Labarum*, dont fut souvent indigne
Maint descendant de PÉPIN, de CAPET.

— Laissons en paix le *Froc* et la *Calotte*...
(Quel siècle, hélas ! n'a pas eu son travers !)
On rira bien longtemps de la *Culotte*
Que DAGOBERT ne mettait qu'à l'envers...

— Ses successeurs, berçant leur FLANERIE
Sous un *Surcot* de moelleux *camelin*,
Dans un haquet dodelinaient leur vie,
L'*Ampoule* au front et badine à la main...

— A TOI, Seigneur : l'*Escarcelle*, l'*Aumuse*,
Cendal, *Hermine*, *Écrins* du joaillier,
Rochets brodés : quand son maître s'amuse,
JACQUES-BONHOMME est bien bon pour...payer...

— SOUS CHARLEMAGNE, une *loi somptuaire*
Met, un instant, le *tailleur* aux abois :
Ce conquérant, qui fit trembler la terre,
Portait aux pieds des *semelles de bois* !...

— Mais, le Vilain se moquant de l'amende,
On voit partout, au crin-crin des *rebecs*,
Sauter : *Pourpoint* bicolor, *Houppelande* ;
Grègues, *Sarreau*, *Toque* et *Poulaine* à becs...

—« *Dieu le veut !...*» France, en désertant tes villes,
Pour arracher *Solime* à Lucifer,
Nos CROISÉS font, chevaliers-crocodiles,
Luire au soleil leurs *écailles de fer*...

— Notre vieux Coq ne bat plus que d'une aile ;
Le MOYEN-AGE est paillard et pédant :
Le docte clerc, près de la TOUR DE NESLE,
Mène brouter l'*âne de BURIDAN*.

— Toi qui bravas la FÉODALE astuce,
Salut, MARCEL, salut, ô grand Prévot !..
Car le pli *rouge* et *bleu* de ton *Capuce*
Est aujourd'hui notre drapeau : — bravo !!!...

GRANDES SPÉCIALITÉS

DE

COSTUMES POUR HOMMES

MAISONS RECOMMANDÉES

LA BELLE JARDINIÈRE Seule entrée 2, rue du Pont-Neuf, 2.	**LA GRANDE MAISON** 9, rue Croix-des-Petits-Champs, 9 Près du Louvre.	**MAISON DUSSAUTOY** (TAILLEUR) 14, boulevard des Italiens, 14.	**MAISON DEUTSCHE** (TAILLEUR) 29, rue Croix-des-Petits-Champs, 29
AU PONT-NEUF rue du Pont-Neuf, 4, 6, 8. La Maison N'EST PAS au coin du quai.	**A LA VILLE D'AMIENS** 134, Galerie Valois, 136 au Palais-Royal.	**AU TROIS EMPIRES** 99, Galerie Valois, 104, au Palais-Royal.	**MAYOR-GAUTHEY** 43, rue Greneta, 43 VÊTEMENTS en Caoutchouc.
A. GODCHAU 12, faubourg Montmartre, 12.	**MAISON GIBORY** 53, rue Sainte-Anne, 53.	**A GUILLAUME-TELL** 31, place Cadet, 31.	**FABRIQUES D'ELBEUF** 198, faubourg Saint-Martin, 198.
PHARES DE LA BASTILLE 5, place de la Bastille, 7.	**MAISON HALIMBOURG** 48, rue Pagevin, 48.	**A SAINT-MARTIN .** 17, boulevard Saint-Martin, 17.	**AUX ARTS-ET-MÉTIERS** 17, boulevard Saint-Denis, 17.
MAISON COUTARD 21, rue Croix-des-Petits-Champs, 21.	**SOUVENIR DE BÉRANGER** 60, boulevard de Strasbourg, 62.	**SAINT VINCENT-DE-PAUL** 51, rue Bonaparte, 51.	**A CHARLEMAGNE** 5, rue du Pont-Neuf, 7.
AUX QUATRE NATIONS 2, rue Montesquieu, 2.	**AU NOUVEAU PARIS .** 72, rue de Rivoli, 72.	**AU NOUVEAU JEAN-BART** 54, chaussée du Maine, 54.	**AU BON PASTEUR** 49, rue Sainte-Anne, 49.
AU PRINCE EUGÈNE 17, rue Vivienne, 17.	**A VOLTAIRE** 15, place du Château-d'Eau, 15.	**L'UNION DES NATIONS** 23, boulevard Poissonnière, 23.	**A LA REDINGOTE GRISE** 45, rue de Rivoli, 45.
PALAIS DE CRISTAL 25, rue Vivienne, 25.	**A L'ŒIL** 8, rue de Rivoli, 8.	**AU THÉATRE FRANÇAIS** 167, rue Saint-Honoré, 167.	**A MAZARIN .** 2, rue de l'Ancienne-Comédie, 2.
A JEAN-BART 43, rue Turbigo, 43.	**A HENRI IV** 138, rue de Rivoli, 138.	**AU GAGNE-PETIT** 148, faubourg Saint-Martin, 148.	**A LA TENTATION** 28, rue de Rivoli, 28.
AU BON DIABLE 39, rue de Rivoli, 39.	**AU CHATELET** 43, rue de Rivoli, 43.	**GRAND BON MARCHÉ** 36, rue Turbigo, 36.	**LA VILLE D'ALGER** 5, boulevard Saint-Denis, 5.

FOURNITURES POUR LA CONFECTION

AIGUILLES :

A. CHARPENTIER, 76, boul. Sébastopol.
Th. GIVRY, 36, boulevard Sébastopol.
BUHOT, 25, faubourg Poissonnière.
GOLTSCHALK et Cie, 75, faub. St-Martin.
MATHIAS, 98, rue Beaubourg.
J. L. POLLOCK, 97, boulevard Sébastopol.
A. ROGER et Cie, 90, rue St-Denis.
KIRBY, BEARD et Cie, 5, rue Auber.
DURAND jeune, 12, rue de Charenton.

BOUTONS :

A. BAGRIOT, 11, rue Lévêque.
J. RAIN, 17, rue Magnan.
G. EIGEN et Cie, 34, Deux-Portes-St-Sauveur
A. VANGORP, 14, rue Dupetit-Thouars.
A. PARENT et Cie, 7, rue Pierre-Levée.

COLS, CRAVATES :

S. HAYEM aîné, 38, rue du Sentier.
KOLTZ jeune, 2, place des Victoires.
GRAY, 43, boulevard des Capucines.

FILS A COUDRE :

J. CLARK et Cie, 25, rue Thévenot.
HENNION et Cie, 78, boulevard Sébastopol.
LOUSSEL et Cie, 50, boulevard Sébastopol.
A. SUZOR, 62, boulevard Sébastopol.
CARTIER-BRESSON, 86, boul. Sébastopol.
VIARMÉ, 106, Saint-Denis.

DOUBLURES :

BELLANGER frères et MIMEREL,
64, boulevard Sébastopol.

(VOIR AUX ANNONCES.)

LA MAISON N'EST PAS AU COIN DU QUAI

LE PONT-NEUF

Paroles et Musique par ÉTIENNE DUCRET

REFRAIN

Rions, chantons, buvons rasade,
En chœur, par nos cris,
Mes Amis,
Faisons redire aux échos de l'arcade
Les souvenirs de notre vieux Paris !.. (bis).

Jadis, du vieux PONT-NEUF
Le rond-point centenaire
Était plein comme un œuf...
Clerc, bourgeois, mousquetaire :
Là, chacun s'ébattait,
Buvait, chantait,
Riait, et même se battait !...
Le *Vert-Galant* a vu plus d'une scène
Se répéter en ce royal décor ;
Mais aujourd'hui, puisqu'aux bords de la Seine,
On boit, on aime, on rit et chante encor :

Rions, chantons, etc.

Au temps de Mazarin,
Les badauds, par centaine,
Acclamaient Tabarin ;
Et la *Samaritaine*,
D'un ton lugubre et lent,
Une fois l'an,
Chantait les feux de la Saint-Jean...
Si le palmier de la Samaritaine
Abrite enco. nos Suzannes au bain,
A Tabarin ont succédé : *Crétaine*,
La *Préfecture* et le concert *Oblin* !...

Rions, chantons, etc.

Bandits et pick-pockets,
Fuyant les réverbères,
Ont déserté les quais...
Mais, narguant nos cerbères,
Le soir, pimpant, faraud,
Godelureau,
Pour fêter la *Mère — Moreau*,
L'Étudiant va prendre Colombine
Au caboulot..,. car au quartier latin
Le carabin marchant sans *carabine*,
C'est l'hôpital, hélas ! sans carabin !

Rions, chantons, etc.

Renversant les abus,
Le Progrès marche, marche :
Autre temps, autres us !...
Le vieux PONT sur son arche,
Voyait, en mil-sept-cent,
Plus d'un passant
Laisser sa défroque et son sang....
Mais, à présent, si tu veux, joyeux drille,
Un *vêtement* confortable et coquet,
A bon marché, le PONT-NEUF nous habille,
ET LA MAISON N'EST PAS AU COIN DU QUAI !...

Rio.s, chantons, etc.

Salut, noble PONT-NEUF
Qu'ont traversé : Molière,
Et Voltaire et Marbeuf,
Et le flot populaire.
Quand, sans pain, sans *Elbeuf*,
Avec Babeuf,
Beuglait la France, pauvre bœuf !...
Oh ! puissions-nous, quand nous serons grands-pères,
Sous ton arceau toujours vieux, toujours neuf,
A nos Enfants, libres, joyeux, prospères,
Refredonner en dix-neuf-cent-dix-neuf :

« Rions, chantons, et .

AUX

PHARES DE LA BASTILLE

Paroles et Musique par ÉTIENNE DUCRET

REFRAIN :

Au Phare de la Bastille,
Enfants de la Grande-Cité,
Entrez,... car ce *Phare* scintille
Au Soleil de la Liberté !

Souvenez-vous qu'à cette même place,
Où se dressait un donjon détesté,
Du vieux Paris la fière populace
A renversé la Féodalité...

— Au Phare de la Bastille, etc.

Le noir *Fantôme* a fait place au *Génie*;
Le *Donjon* morne, au splendide *Palais*;
Le cri de *haine*, au chant de l'*harmonie*;
Le dur *carcan*, aux doux et fins *gilets*...

— Au Phare de la Bastille, etc.

A la Bastille une main exécrée
Vous enfermait pour ne plus en sortir.
Libre est, ici, la *Sortie*;... et l'*Entrée*
Pour le Public est toujours un plaisir.

Au Phare de la Bastille, etc.

Pour nous offrir des *Vêtements* de fête
Cent doigts charmants y poussent l'aiguille; et
La nuit, ce *Phare* éclaire jusqu'au faîte
Le fût de la *Colonne de Juillet*.

— Au Phare de la Bastille, etc.

De même que c'est l'*Habit* qui fait l'Homme,
Le bon *Tailleur* fait seul de bons habits;
A mon *Tailleur* quand je donne la pomme,
Si ma chanson vous plaît, en criant : « *Bis!*.. »
— Au Phare de la Bastille, etc.

PARIS. — IMPRIMERIE JULES LE CLERE ET Cᵉ, RUE CASSETTE, 29.

L'HOMŒOPATHIE

PAR

ÉTIENNE DUCRET

« Mire Sanati gratitudinis memores !... »

De la Seine au Kremlin répercutant les cris
Dont mugissaient alors les échos de Paris,
Le glas du tremblement sonnait *quatre-vingt-treize!*...
Tout allait se refondre à la grande fournaise...
L'ancien Temps, vermoulu, craquant de toutes parts,
Lançait dans le brasier ses préjugés épars ;
Lois, sciences, progrès, sous la faux qui nivelle,
Entrevoyaient, dans l'ombre, une aurore nouvelle ;
A la voix des *Bichat* lui montrant l'avenir,
Le vieux *Corps médical* semblait se rajeunir ;
Et, dans ses flancs poudreux sentant grincer la scie,
Le temple d'Epidaure attendait son messie...
Hahnemann apparut ! (1).

       — Depuis plus de vingt ans,
Du *Codex* il sapait, sans bruit, les arcs-boutants...
« Trop souvent, — pensait-il, — notre docte pléiade
« Ne guérit la douleur qu'en tuant le malade...
« Essayons, désormais, un moyen plus normal :
« Pour *guérir* le malade, *empoisonnons* le mal ;...
« Et qu'en nous infiltrant le germe si fécond,
« L'atome inoculé régénère le monde !... »

C'est ainsi que, frappé par un rayon du ciel,
Son génie évoqua ce principe immortel
Qui, plus tard, illustrait un Anglais philanthrope,
Jenner,... en révélant la *Vaccine* à l'Europe !

Mais, quand la Vérité soudainement reluit,
Son flambeau nous étonne, et sa flamme éblouit !
Lorsqu'à l'aréopage il soumit sa conquête,
Toute la *Faculté* cria, hochant la tête :
« De nos lois ce grimoire ignore l'A bé cé...
« Opposer le *semblable* au *semblable*,... insensé !...
« Prétendre qu'il combat, qu'il guérit et déplace
« La chaleur par le feu,... le froid avec la glace !...
— A ces mots, contre lui hurlent, à l'unisson,
Carabins.... infirmiers !... — *Sganarelle* et *Purgon*,
Dont le dos porte encor l'empreinte singulière
Des verges dont, jadis, les fustigea *Molière*,

De l'aveugle routine agitant le drapeau,
Du *Luther médical* lacèrent le manteau...
Lui, semant ses bienfaits de village en village,
(En faisant des heureux l'opprimé se soulage)
En un souverain *baume* il changeait le *poison!*...
Plein de foi dans son œuvre, et l'œil sur l'horizon,
Banni, calomnié, méconnu par ses proches,
Mais posant ses deux mains sur son cœur sans reproches
Fort de sa conscience et bravant le mépris,
Samuel se disait : « Et pourtant... je guéris! »

O *Caus*, ô *Galilée*, ô *Newton*,... ô génies,
Serez-vous donc toujours traînés aux gémonies?...

— Et Toi, quand de ton maître on raillait la vertu,
O comte des *Guidi*, là-bas... que faisais-tu?... (2)
Sans te douter encor que sa cause est la tienne,
Comme *Saul* étendu sur la robe d'*Etienne*,
Tu regardais, de loin, lapider ce savant,
Dont tu seras bientôt le disciple fervent !...

—Ah! c'est que, pour briser, d'un coup, sa vieille idole
Pour changer son autel contre un nouveau symbole,..
Quand on fut, comme toi, docteur et chevalier,
Légiste et général,... quand on sut allier
La plume et le compas, le scalpel et la dague,...
Quand on porte un blason qui s'appuie aux *Gonzague*
Et touche aux Bonaparte,... enfin, quand des *Broussais*
On suit, depuis trente ans, la trace avec succès,...
Lorsque soixante hivers de lutte et de tempête,
Dans l'étude et l'exil, ont blanchi notre tête,...
Il faut au converti des preuves.. il lui faut,
Comme à *Paul*.. un éclair qui jaillisse d'en haut....

— Un soir... elle était là, gisante,... inanimée..,
Celle que ton bon cœur nommait sa bien-aimée...
Tes efforts impuissants contre l'arrêt du Ciel,
Aux *grands prêtres* de l'Art faisaient un vain appel...
Condamnée à mourir,... en ce moment suprême,...
L'ange de tes vieux jours.. la moitié de toi-même..

(1) Samuel Hannemann, né à Meissen (Saxe), le 10 avril 1755 : mort à Paris le 3 avril 1843.
(2) Sébastien des Guidi, né à Naples 1769 ; mort à Lyon 1863.

L'épouse, aujourd'hui veuve et qui porte ton deuil,..
Elle était là... glacée... un pied dans le cercueil..
Quand l'ombre d'*Hahnemann*, se penchant vers sa couche
D'une main, déposant l'arome sur sa bouche,
De l'autre te tendant son livre... s'écria :
« Toi, *Comte*, prends et lis...*mourante, bois et va* !... »
Et, docile à la voix du docteur patriarche,
Celle que tu pleurais soudain se lève et marche !...
Et toi, prenant ce livre aux ignorants suspect,
Tu le baisas, d'abord, avec un saint respect...
Et quand pour toi l'arcane eut rendu ses oracles,
Tu t'es dit : « Je puis donc faire aussi des miracles !
« O *Livre*, à qui je dois un bonheur imprévu,
« Je veux redire à tous ce que mes yeux ont vu...
« *France*, du vieux proscrit la seconde patrie,
« A toi les plus doux fruits de cet arbre de vie !
« Si, par moi, de tes maux *Hahnemann* est vainqueur,
« J'acquitte envers vous deux la dette de mon cœur...
« Oui, j'irai de mon maître implanter le symbole... »
« O vous, chers compagnons, fils de l'ancienne école,
« Hier, de *Gallien* gardant l'antique foi,
« Comme vous je doutais :... croyez donc avec moi !
« Au nom de la douleur... au nom de la science...
« Venez !.. je fais appel à votre conscience..
« Prenez... jugez... voyez : ceux qu'avait condamnés
« Le vieux *Codex*, s'en vont sains et guéris... Venez !
» Mes livres, mes trésors, mon cœur, mes jours, mes veilles
« Sont à vous !... — Si le grain fait déjà des merveilles
« Que sera-ce quand l'arbre aura tous ses rameaux ?...
« L'Humanité réclame un dictame à ses maux...
« Ah ! dussent nos sœurs arroser notre offrande,
« A l'œuvre, amis, venez, la tâche est noble et grande,
« *Moi*, quand de l'arbre en fleur les fruits seront sortis,
« Heureux, je chanterai: «Seigneur...*Nunc dimittis!* »
Ainsi, noble vieillard, plus que sexagénaire,
De ta science encor tu refis le glossaire...
Refus, mépris, sarcasme, ironie et dédain
Rien ne put ébranler ta grande âme... et, soudain,
Voilà que, se levant au cri qui les exhorte,
Douze cents champions se forment en cohorte :
Jouve, Simon, Décault, Pérussel, Cabarrus,
Salvert et *Cabanis*, sur tes pas accourus,
Au nom du genre humain, inaugurent le temple
De l'Homœopathie ! — Et, leur prêchant d'exemple,
Guidé par ton saint zèle et par ta charité,
Gratis... à pleines mains... tu répands la santé !
On eût dit que la mort, dont tu sauvais les autres,
Hésitait à frapper l'émule des *apôtres*...

Si le Ciel sans enfants te laissait ici-bas,
Les affligés baisaient la trace de tes pas...
Père de l'orpheline et soutien de la veuve,
Du feu qui t'embrasait nous prodiguait la preuve,
Quand elle eut épuisé ses rayons bienfaisants,
Ta flamme s'éteignit... à *quatre-vingt-quinze ans* !...
Et, maintenant, repose... et, sur ta froide tombe,
De la reconnaissance accueille l'hécatombe...
De la France, ô *proscrit*, doublement citoyen
Comme enfant adoptif et comme homme de bien,
Toi qui nous révélas la science nouvelle,
De ta foi, dans nos cœurs, nous gardons l'étincelle...
Car ton savoir, ton nom, ta générosité,
Sont, pour nous, les garants de ta sincérité !...
Et toi, qu'un *des Guidi* nous apprit à connaître...
(En saluant l'apôtre, on doit bénir le maître)...
Hahnemann, sois béni ! — que dans son panthéon
L'Humanité souffrante inscrive, un jour, ton nom !..
Quels que soient les assauts réservés à ton œuvre,
Contre la Vérité l'Erreur en vain manœuvre...
Pour planter ton drapeau, je laisse à tes docteurs
De prouver ton principe envers tes détracteurs...
Moi, sans scalper tes lois pour en sonder la base,
(Au poëte chanteur sied mal la docte phrase),
Sans démontrer la cause, acclamant les effets,
Je viens mêler ma voix au bruit de tes bienfaits,
Et crier à ceux-là qui blasphèment ta cendre :
« C'est une iniquité de nier sans entendre
Notre siècle *esprit-fort*, à l'*apathie* enclin,
Ne croit que ce qu'il voit ,... mais ne regarde rien...
Avant de conspuer le berceau d'une idée
Au front de ce savant par le Ciel fécondée,
Vous qui flagellez tout : *Dieu, science, progrès*,...
(Sauf à leur élever un piédestal... après !...)
Vous, *Sceptiques*, pour qui sa doctrine est un leurre,..
Si vous interrogiez la foule qui le pleure,
Si vous lui demandiez comment il opérait,
De ceux qu'il a sauvés... plus d'un vous répondrait,
Comme l'*aveugle-né* dont parle l'Écriture :
« Mieux que vos vérités, j'aime son imposture !
Qu'importe, pour chasser les maux que j'ai soufferts,
Qu'il tienne son secret du ciel ou des enfers !
Debout devant sa tombe et baisant son image,
Mes os, mon sang, ma chair, lui rendent témoignage...
Car, moi qui vous *entends*... j'étais *sourd* autrefois...
Hier, j'étais *aveugle*,... et, maintenant,... je *vois* !... »

Etienne Ducret.

(Voir la liste des Médecins et Pharmaciens Homœopathes.)

LISTE DES PRINCIPAUX
MÉDECINS HOMŒOPATHES
DE PARIS

ANTRAIGUES, 40, rue N.-D. des Victoires.
Bertrand DENAMPS, 52, rue de Turenne.
BON (Victor), 1, rue du Pont-Neuf.
BONNARD, 109, boulevard Magenta.
BOYER-BARTEL, 54, rue Saint-Lazare.
BRAUD, 49, chaussée d'Antin.
BUCHLÉ, 5, boulevard Magenta.
CHAMPEAUX, 2 bis, rue du Temple,
CHANCEREL père, 44, rue Maubeuge.
CHANCEREL fils, 38, rue Maubeuge.
CHANET, 49, rue de Provence.
CHAPUSOT, 43, rue Saint Paul.
CONAN, 76, rue de la Pompe (Passy).
CRAMOISY, 35, rue de Meslay.
CRETIN, 11, rue de Turin.
CONQUERET, 21, rue de Richelieu.
DAVET, ...
DERVILLEZ, 27, rue Saint-Lazare.
DEZERMAUX, 58, rue Laffitte.
DUBOURG, 27, rue Saint-Martin.
DUBOURG, 34, rue de Meslay.
FRANCO, 19, boulevard de la Madeleine.
FOURNIER, 14, rue du Cherche-Midi.
FREDAULT, 35, rue Bellechasse.
GONNARD, 3, rue d'Orléans (Neuilly).
GUÉRIN-MENÉVILLE, 62, rue de Rennes.
HERMEL, 8, rue Mogador.
HEERMANN, 58, rue du Faubourg Saint-Honoré.
HERMANN, 20, rue du Luxembourg.
HAHNEMANN, 20, r. du Faubourg Saint-Honoré.
HUGUET, 45, ruc du Luxembourg.

JOUSSET, 54, rue Grenelle-Saint-Germain.
LEBOUCHER, 12, faubourg Poissonnière.
LE THIÈRE, 58, rue N.-D. de Lorette.
LOVE, 9, rue Aumale.
MAGNAN, 9, rue Saint-Georges.
MAILLIOT, 21, boulevard Voltaire.
MERCIER, 8, quai des Célestins.
MOLIN, 36, rue Godot-de-Mauroy.
MUNOZ, 29, rue de la Chaussée d'Antin.
OZANAM, 53, rue d'Assas.
PARTENAY, 11, rue de Turin.
PÉNOYÉE père, 8, rue Louvois.
PERRUSSEL, 9, rue Saint-Georges.
PERRY, 75, rue de Vaugirard.
PITET, 9, rue Saint-Georges.
PLANTY (marquis du) 44, avenue de Wagram.
POIRSON, 9, rue du Champ-de-Mars.
RAFINESQUE, 52, rue de la Tour (Passy).
RAYMOND, ...
ROBBE et REGEARD, 44, rue Amsterdam.
ROTH, 25, rue Clapeyron.
ROUCH, 1, rue Grange-Batelière.
ROUSSEL, 118, rue Neuve des Mathurins.
SECRÉTAIN, 3, rue Saint-Bon.
SERRAND, 9, rue Saint-Arnaud.
SILVESTRE, 38, rue Turbigo.
SIMON Léon fils, 54, rue Saint-Lazare.
TESTE, 7, ruc Bourdaloue,
TESSIER, 7, rue Sainte-Opportune.
TISSIER, 5, rue Saint-Martin.
VIOLLET, 29, rue de Condé.

PHARMACIES HOMOEOPATHIQUES

Pharmacie centrale : 17, rue du Helder.
                   25, boulev. St.-Martin.
Succursales :   32, rue du Bac.
                  104, faub. St-Honoré.

Pharmacie HAHNEMANN, 26, rue Laugier.
     »   P. F. WÉBER, 8, r. Nᵉ des Capucines.
     »   Ch. WEBER, 330, rue St-Honoré.
     »   DERODE et DEFFÈS, 43, r. Châteaudun.

HOPITAL SAINT-JACQUES
282, rue Saint-Jacques.

HOPITAL HAHNEMANN
26, rue Laugier.

CONSULTATIONS GRATUITES :

17, rue de la Chaussée d'Antin.
rue du Faubourg du Temple.
41, rue de Verneuil.
106, rue du Faubourg Saint-Honoré.

PUBLICATIONS PÉRIODIQUES :

Bulletin médical.
L'Art médical.
Bibliothèque Homœopathique.
L'Hahnemannisme.

Chez
BAILLIÈRE et FILS,
Lib. édit.
19, r. Hautefeuille

N. B. — La Société Homœopathique de France, 31, Cité d'Antin, tient ses séances deux fois par mois.

PRINCIPALES SPÉCIALITÉS PHARMACEUTIQUES
ET D'HYGIÈNE

CAPSULES DE GOUDRON DE GUYOT.
PH. L. FRÈRE, 19, rue Jacob.

TOPIQUE PORTUGAIS pour les chevaux.
12, avenue de Bouvines, 12.

HUILE DE FOIE DE MORUE DE HOGG.
2, rue Castiglione, 2.

EUCALYPTUS (AFFECTION du larynx et du poumon.)
ph. — Delpech, 23, rue du Bac.

PRODUITS, A. GASCARD ET Cⁱᵉ.
33. rue de Rivoli, 33.

ANTIGOUTEUX LAVILLE.
PH. BÉRAL, 14, rue de la Paix.

BANDAGES LORET.
32, boulevard Sébastopol.

POMMADE LE SAULT ANTI-SCIATIQUE.
Dʳ MORAND, 3, route de la Révolte.

GOUDRON BARBERON.
PH. THENRIER, 42, rue Riquet.

MOUCHES D'OPIUM, A. FAGNER.
PH. PELLETIER-FAGNER, 45, rue Jacob.

SIROP LAROZE FERRUGINEUX DÉPURATIF.
2, rue des Lions Saint-Paul.

PASTILLES SIGNORET, IODURE DE POTASSIUM.
51, rue de Seine.

FER ET BENZINE COLLAS.
8, rue Dauphine, 8.

DRAGÉES MÉDICINALES. L. FOUCHER.
PH. rue de Rambuteau, 50.

SIROP DE CHLORAL FOLLET.
7, rue de la Feuillade.

CHLORAL-CRÊMEUX DE DUCHAMP.
28, rue des Missions.

PHÉNOL SODE, O. P. BŒUF.
19, rue Lourmel (Grenelle).

SULFUREUX-POUILLET.
PH. CASSAN, 86, rue du Bac.

CIGARETTES MÉDICINALES.
MÉRIJOT, 20, rue de Rivoli.

FILTRES LAURENT.
11, rue Mathis (Villette).

SOUVERAIN ANTIHERPETIQUE.
DARASSE, 21, rue Simon Lefranc.

VIN DE QUININE LABARRAQUE.
PH. EXIBART, 125, rue Saint-Martin.

VIN MARTIN.
HUGOT, 19, rue Vieille du Temple.

COLLYRE SAINT-CLAIR.
PH. TREHYOU, 71, rue Sainte-Anne.

NOUVEAU TRAITEMENT (DE PÉCHENET) maladies
secrètes, 5, rue des Halles.

SIROP PECTORAL ANTIPHOGISTIQUE.
PH. CHOISNARD, 34, rue Saint-Lazare.

VIN DURAND DIASTASÉ.
51, rue du Temple, 51.

CATAPLASMES INSTANTANÉS LELIÈVRE.
24, avenue Victoria, 24.

BISCUITS PURGATIFS ET VERMIFUGES.
LAMOUROUX ET GENDROT,
48, rue des Francs-Bourgeois.

COUVERCLES ADHÉRENTS, VIOLLET.
DESVIGNES, 5, rue Malher.

BIBERONS COMPTE-GOUTTES.
JUTHE, 123, faubourg du Temple.

CRÊME SIMON CONTRE LES ENGELURES.
GERIN, 23, rue Beautreillis.

EAU DE MÉLISSE DES CARMES.
BOYER, 14, rue Taranne.

EXTRAITS DE LÉGUMES (BERJOT).
CONON, 10, rue de la Perle.

LIMONADE PURGATIVE LANGLOIS.
TRUELLE, 15, rue de la Verrerie.

COSMÉTIQUE DE SAINT-LOUIS.
METIVET, 37, rue de Belleville.

THÉ SAINT-MARTIN.
188, faubourg Saint-Martin.

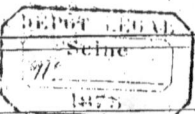
LES SPÉCIALITÉS EN VOGUE

LE VRAI SIROP DE CALABRE

ADOLPHE OBEZ, à Douai (Nord),

Seul inventeur breveté depuis 1860.

ÉVITER LES CONTREFAÇONS

IL EST FRAIS L'COCO !...

(Chansonnette)

Paroles et musique par ÉTIENNE DUCRET

PARIS

CHEZ L'AUTEUR : 64, RUE DE VAUGIRARD

IL EST FRAIS L'COCO!...

Paroles et musique par Étienne DUCRET

IL EST FRAIS L'COCO!...

PAROLES ET MUSIQUE PAR ÉTIENNE DUCRET

(Peut se chanter sur l'Air connu)

« A la fraîche ! qui veut boire ?... »
    Le marchand d'coco,
Avec ce cri dérisoire,
    Nous verse à gogo
Son eau fade qui délabre ;
    Amis, ce n'est qu'au...
Qu'au vrai sirop de Calabre
    Qu'il est frais l'coco !...

Au *coco*, même au théâtre,
    Pour un monaco,
On voit la foule idolâtre
    Payer son écot...
De la *mansarde* au *lycée*,
    Oui, per di Bacco !...
La *réglisse* s'est glissée ;
    Il est frais l'coco !...

Ce nectar économique,
    Grâce à Méphisto,
Par un procédé chimique,
    Devient aristo...
Riant dans sa barbe rousse
    Comme un hidalgo,
Maintenant il fait sa mousse :
    Il est frais l'coco ! ..

De l'*usine* à la *caserne*,
    Ce *sirop* divin
Va promenant sa citerne ;...
    L'avaleur de vin
En vain s'insurge et le raille ;
    Comme à Jéricho,
Il ne bat que... la muraille :
    Il est frais l'coco !...

Pour que je me régalasse,
    On ne saurait trop
Mettre aux *fontaines Wallace*
    De ce doux sirop !...
En me hissant sur la marche,
    Je m'écrirais : « Oh !...
Je vois que le progrès marche...
    Il est frais l'coco !... »

Puisque notre petit globe
    N'est qu'un grand *coco* ;...
Puisque le *coco* s'y gobe,
    Même à la coque,... ô :
Coq matinal, il m'enchante
    Ton coquerico,..
Quand ta *poulette* te chante :
    « Il est frais l'coco !... »

Guguste, à la promenade,
    Au lieu de *Cliquot*,
Arrose de limonade
    Son maigre fricot,
Et braille, en troussant sa cotte,
    A ce Calicot
Qui passe avec sa cocotte :
    « Il est frais l'coco !... »

Toi, qui du jus de la treille
    Buvant à foison,
Perds souvent dans la bareille
    Ton cœur, ta raison,
Si tu nous cherches querelle
    Pour un quiproquo...
Pour te calmer la cervelle,
    Il est frais l'coco !...

Ce front chauve qui s'oblique
    En Noix de coco,
Et qui porte en République,
    Snr son vieux schako.
Sa Cocarde monarchique,
    C'est du rococo ;
Ne parlons pas politique :
    Il est frais l'coco !...

Hélas ! quand, tirant la belle
    Par son caraco,
Plumé par elle, il lui bêle :
    « M'aimes tu, Marco ?... »
Au cocodès en détresse :
    « Oui, répond Jacquot,
Perché près de la traîtresse :
    Il est frais l'coco !... »

Par le sceptique Tantale,
    Que la soif poursuit,
Quand, dans notre capitale,
    Tout le monde cuit,..
Si ma chanson n'est pas... *crue*,
    Qu'il aille, un *poco*,
22, *du Temple* à la *rue* :
    Il est frais l'coco !...

Là, du coco que j'estime
    On nous donne au moins
Quatre *bocks* pour *un centime :*
    J'en prends à témoins
Ceux dont le gosier m'approuve
    Et me fait écho
Quand d'Adolphe Obez je trouve
    Qu'il est frais l'coco !...

Ton *sirop* se boit à l'aise,
    OBEZ, mon luron :
Au *rhum*, à la *menthe* anglaise,
    Au jus de *citron*...
Des Rivaux de ta réglisse,
    Sur tes fiers bocaux,
L'*orviétan* taré... glisse,
    Avec leurs cocos !!!..

A

ADOLPHE OBEZ, à Douai (Nord)

A DOLPHE OBEZ !... tandis que des Roberts-Macaires,
   D 'homonymes contrefacteurs,
   O u droguistes-apothicaires,
L ivrent au bon public leurs produits imposteurs, ..
P oursuivant son succès..., à cette fraude inique,
H eureux INNOVATEUR, ton SIROP fait la nique,
  En versant, à flots purs, son nectar fraternel !...

O ui, déjà, c'est à qui de ce présent du Ciel
B énira les bienfaits !... — Tremblant pour son échoppe,
E n te voyant t'épandre au delà de l'Europe,
Z oïLE en vain crie : Au... déluge universel !...

A ta santé, partout, chacun vidant sa choppe,)
D e cent peuples jaloux tu nous fais des amis,
O BEZ !... — En attendant qu'un beau jour à Paris,
   U n généreux WALLACE,
   A u coin de chaque place,
I nstalle une guinguette, où nous pourrons, GRATIS,

N ous régaler, enfin, sans craindre la colique,...
O TOI, qui nous créas cette douce liqueur,
   R affraîchissante, et morale et tonique,
   D e tous côtés, OBEZ, on chante en chœur :...

    .. « A la fraîche! qui veut boire ? etc... »

PARIS, IMPRIMERIE JULES LE CLERE ET Cie, RUE CASSETTE, 29.

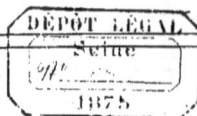

L'IMPOT SUR LE CAPITAL

COUPLETS

D'ACTUALITÉ

PAR

ÉTIENNE DUCRET

PARIS

CHEZ L'AUTEUR : 64, RUE DE VAUGIRARD.

L'IMPOT SUR LE CAPITAL

PAR

ÉTIENNE DUCRET

Peut se chanter sur l'air populaire de : MADAME ANGOT

REFRAIN.

Pour conjurer notre déveine,
Sans crainte et sans peine,
Le moyen, morguenne!
Le plus sûr et le plus normal :
C'est d'IMPOSER LE CAPITAL!...

Citoyens, lorsque la Patrie,
En dépit des lâches braillards,
Par son travail, son industrie,
A *sué* QUINZE MILLIARDS,...
Je viens, en chantant l'Espérance,
Vous dire quel est le projet
Que l'on propose à notre France,
Pour *équilibrer son budget :* ...
— Pour conjurer notre déveine, etc.

Depuis nos désastres, — c'est triste! —
Du *pétrin*, (sachons l'avouer,)
Pour nous tirer,... l'*Economiste*
Ne sait à quel saint se vouer...
Si c'est en *puisant* dans le coffre
Que l'on espère le *remplir*,
Le *remède* que l'on nous offre
Est pis que le *mal* à guérir!...
— Pour conjurer notre déveine, etc.

Aujourd'hui, dans la Capitale,
Dans la France entière,... il paraît
Que cette question *capitale*
Devient du plus haut *intérêt*.
Depuis trop longtemps on *escompte*
L'Avenir!... — Sur le *Bien-Foncier*
Consolidons, en fin de compte,
Notre EDIFICE FINANCIER!...
— Pour conjurer notre déveine, etc.

Bien simple est l'*essai* (je l'assure)
De cet *impôt* libérateur :
Je m'en rapporte à la *brochure*
Dont MENIER est le créateur... —
Philanthrope capitaliste,
Par nos *gourmets* si bien *goûté*,...
Sur ce point, mieux qu'un journaliste,
Il est digne d'être écouté...
— Pour conjurer notre déveine, etc.

Pour un budget de *cent soixante*
Millions par an,... au total,
D'un franc par mille il se contente,
Ne demandant,... (le *Capital*
De la France étant d'ordinaire
De *cent soixante milliards*,...)
A chaque bis-millionnaire
Que *cent-soixante mille liards !*..
— Pour conjurer notre déveine, etc

Comme à son *Gérant*-mandataire,
Responsable de son dépôt,
Le *Capital* commanditaire
Confie à l'Etat cet *impôt*...
C'est par lui,... de la vaste *usine*
Dont nous sommes les *employés*,
Qu'au nom du *patron*, sans lésine,
Les *frais généraux* sont payés.
— Pour conjurer notre déveine, etc.

Son livre nous dit — « S'il est juste
Et bon, qu'avant sa puberté,
Le *Tenancier* laisse *l'arbuste*
Pousser et croître *en liberté*,...
Dès que son front, sur la charmille,
Etale ses *rameaux fleuris*,
Il doit à la *grande Famille*
Payer la *dîme* de ses *fruits*... »
— Pour conjurer notre déveine, etc.

A la fraternelle *Omelette*
Puisqu'ont droit tous les appétits,
Couve en paix, ô riche *Poulette*,
Et fais éclore tes petits...
Mais, quand, sous tes ailes fécondes,
Tu rassembles ton cher trésor,
Est-ce trop que pour nous tu *pondes*
Un sur mille de tes œufs d'or?... »
— Pour conjurer notre déveine, etc.

Timbre, Octroi, Droits sur toute chose :
Droit sur *l'esprit*,... *droit* sur le *sel*...
Que d'entraves le *Fisc* impose
A notre essor industriel !...
Pour parer à tant d'anicroches,
N'en déplaise à nos *Gabelous*,
Si j'avais *mille francs* en poches,
Vrai! je donnerais bien *vingt sous !!!*..
— Pour conjurer notre déveine, etc.

Béni soit cet heureux système!
Grâce à ses effets bienfaisants,
Gueux, rentiers,... nos *avocats* même
De toute *taxe* sont exempts !...
Jusqu'à ce qu'il *Capitalise*,
Chacun, sans *devoir* aucun *droit*,
D'*acheter*, de *vendre* à sa guise,
Et de *consommer* a le droit.
— Pour conjurer notre déveine, etc.

Adoptant ses maximes sages,
Sans me lasser, je me complais
A relire les doctes pages
Qui m'ont inspiré ces couplets !..
Cette *théorie* en *pratique*
Serait : *l'Equité* dans la *Loi*,
La *Paix*, *l'Ordre*, la *République* :...
Amis, pensez-vous comme moi?...
— Pour conjurer notre déveine, etc.

Républicains et *royalistes*
En chœur viennent, de tous côtés,
Enlacer leurs noms sur ces listes,
Dont les *feuillets* aux *Députés*
Portent du Peuple les réclames!.. —
Du vaisseau braves *Timoniers*,
Menier vous les adresse en *rames*,
Pour qu'à bon port vous les *meniez !*..
— Pour conjurer notre déveine, etc.

Des deux mains, à mon tour, je signe
De Menier la pétition.
Si notre *Chambre* se résigne
A faire l'application
De cette *réforme* opportune
Du grand marchand de *Chocolat*,
Pour le *pays* quelle fortune !
Pour les *abus* quel choc... holà ! —
— Pour conjurer notre déveine, etc.

Si chacun doit, à sa manière,
Rendre hommage à la vérité,
Salue,... ô Muse chansonnière,
Cet homme !... — Il a bien mérité
Ce *tribut* que le cœur *t'impose*!..
Offre à son œuvre, sans façon,
Puisque tu n'as pas autre chose,
L'humble hommage de... ta chanson !...
— Pour conjurer notre déveine, etc.

A M. MENIER.

MENIER, oui, je salue et bénis ton *système*,
Où le *chiffre* éloquent raisonne,... où le métal
Se fait chair et s'anime,... et devient : le grand Thème,
Le Levier, le Moteur, l'Elément CAPITAL !...

Au vieux *Fisc*, aux *Abus* tu jettes l'anathème,...
De la *Routine* on sent craquer le piédestal;..
Et chacun s'associe à ton *idée*.... On t'aime,
O *commerçant–légiste*,... ô nouveau L'HÔPITAL !..

A l'*Industrie*, aux *Arts* ouvrant toutes les portes,
Pour jamais désarmant nos sanglantes cohortes,
Ton IMPOT vainqueur change en *Paradis* l'*Enfer*...

Car il crie au Pays : — « Oubliant ta souffrance,
Sous ton ciel libre et pur, puisses–tu voir, ô *France*,
L'AGE D'OR effacer *dix–huit siècles* de FER !!!... »

4130. — PARIS. IMP. JULES LE CLERE ET C, RUE CASSETTE, 29.

LES LUNETTES

(SATIRE)

Paroles et Musique par ÉTIENNE DUCRET

(Peut se chanter sur l'air : *Ne raillez pas la Garde citoyenne.*)

REFRAIN .

Mes bons *Amis*, vous avez la berlue...,
Mais, à Paris, plus d'un bon LUNETIER
Se charge de... vous éclaircir la vue :
Voyez : *Hoël, Lutz, Boucard, Charpentier !*

Riche rentier, de votre fi.'e Élise
Vingt prétendants flagorn:nt les vertus ;
Est-ce à son cœur que leu ' tendresse vise?
Non!.. chacun d'eux n'en veut qu'à vos écus...
— Petit PAPA, vous avez la berlue..., etc.

A soixante ans trouver femme jolie
Serait pour vous une chance, un plaisir !
Le sage dit que... c'est une folie,
Dont votre front pourrait se... repentir...
— Vieux CÉLADON, vous avez la berlue, etc.

Pour son ruban, son De de fantaisie,
Vous vous courbez devant ce gros baron :
C'est un parfait... chevalier d'industrie,
Qui vous fascine avec son faux blason...
— BOURGEOIS naïfs, vous avez la berlue, etc.

Pour mieux gruger vos tendresses faciles,
Mes bonnes Gens, combien de loups-garous,
De fins renards, sous des dehors habiles,
Pour des brebis s'introduisent chez vous!...
— Pauvres DUPÉS, vous avez la berlue, etc.

Quand, *mendiant* la faveur populaire,
Ce Candidat s'abaisse et tend la main,
Amis, craignez que l'humble *mandataire*
En *maître* altier ne s'érige demain..
— Bons ÉLECTEURS, vous avez la berlue, etc.

Vous qui jugez avec un front sévère
Le moindre tort que les autres vous font,
Sur vos défauts, ah ! retournez le *verre* :
Vous rougirez à les voir tels qu'ils sont!
— Lâches CENSEURS, vous avez la berlue, etc.

A votre *honneur* on ose faire injure :
Sur le terrain vous courez frémissant...;
Quoi ! pensez-vous laver votre souillure
En y mélant une tache de sang?
— Bouillants BRETTEURS, vous avez la berlue, etc.

Pigeons plumés à la *Bourse*, à *Cythère*,
Du vieux *Panurge* ô *Moutons ignorants*
Fils des *Faux-Dieux*, du *Clinquant*, du *Mystère*,
Sots, qui croyez encore aux *revenants*,
— PAUVRES D'ESPRIT, vous avez la berlue, etc.

Pour que le voile, à la fin, se déchire,
Si le Génie est un présent des cieux,
Si l'Homme est grand et fort quand il sait *lire*,
Pour pouvoir lire, il lui faut de bons yeux..
— Faibles MORTELS, vous avez la berlue, etc.

Donc, voulez-vous, *Presbytes* ou *Myopes* :
La *Longue-vue* ou le doux *Pince-nez*,
Riche *Jumelle* aux verres *périscopes*,
Des *instruments* vraiment perfectionnés :
— Mes bons AMIS, vous avez la berlue, etc.

PLUS DE TÊTES CHAUVES!

Paroles et Musique par ETIENNE DUCRET

Peut se chanter sur l'air de : *La Boulangère*

Aux *Cheveux* prends-moi, si tu peux,
　　Arthur, y trouver mèche!...
Je cherchais un sujet.. pulpeux,
　　Et celui-ci m'allèche.....
Dès qu'on me parle de...*Cheveux*,
　　Ma foi! j'y coupe,
　　Et partout j'en veux,..
　　Excepté sur... ma soupe!..

Frisés, bouclés, ondulés; fins,
　　Drus; en bandeaux, en flottes,
En touffes, en nattes; châtains,
Blonds, bruns, gris, blancs, carottes :
De *Cheveux* de toutes couleurs
　　La Providence,
　　En séchant nos pleurs,
　　Sème notre existence!.

A ma flamme, ô Lodoïska,
　　Pourquoi rester rebelle?
Ton amour ne tiendrait-il qu'à
　　Un *Cheveu*?... Si, ma Belle,
Il te faut des CUIRS-CHEVELUS,
　　Las! pour te plaire,
　　Je n'en ai plus :
　　C'est affreux, mais, qu'y faire?

Vingt EAUX, avec ou *sans douleur*,
　　Quelle agréable mode!
Nous mettent la tête en couleur...
　　C'est magique et commode!
Mais ces EAUX ne font pas, hélas!
　　Notre affaire,
　　Quand on n'en a pas,...
　　Ou quand... on n'en a guère !

Claquant sur leurs fronts envieux
　　Et brûlant de se *teindre*,
Combien je vois de pauvres vieux
　　Se lamenter et geindre :
« Ah! faites repousser, grands Dieux!
　　Sous mon *peigne*,
　　Au moins quelques *cheveux*,
　　Pour que je me les *teigne!*. »

MAHON touché de leurs clameurs,
　　A ces cerveaux nomades
Offre, chez tous les Parfumeurs,
　　Sa *Reine des Pommades*,
Qui transforme, sans embarras,
　　De nos Portières
　　Les *Cheveux* ras
　　En superbes crinières!

A bas! *Perruques*, faux Duvets,
　　Ridicule imposture!
Grâce à lui, les gens à *Toupets*,
　　Ont du toupet... nature!
Les *Cailloux* dans son magasin
　　Viennent en troupe :
　　Il en fait soudain
　　Des... *Riquets à la houppe!*

Au crâne *chauve* et dégarni
　　Pour que le poil repousse,
Il suffit simplement, jarni!
　　D'étendre avec le pouce
Un peu de cet... ingrédient
　　Sur sa tête :
　　Cet expédient
　　Fait que... la chose est faite!

C'est à son merveilleux effet,
　　Mieux qu'à son étiquette,
Que notre derme satisfait
　　Admire sa conquête...
Sur un Coco comme le mien
　　Dès qu'on en jette,
　　On sent que... ça vient :...
　　Jugez-en sur ma tête!

Frottons-nous-en, mon bon Joseph,
　　Sans attendre que tinte
L'heure où le *Crin* de notre chet
　　Tombe ou change de teinte.
Frottons en chœur, et des hivers,
　　(Sans crainte
　　De nous voir *découverts*),
　　Nous braverons l'atteinte!

Aie! en me frottant, peut-être,.. oh!
　　Si sur mon front d'ennuque
Il allait m'en pousser par trop...
　　Bah! tant mieux pour ma nuque!
Frottons à mort...., puisque du bien
　　L'abondance
　　Ne nuit pas!.. Eh bien!
　　Recommençons la danse !

De pied-en-cap, si ce moyen
　　Changeait, sous sa fourrure,
En HOMME-CHIEN le citoyen,
　　Cette étrange parure
Nous revêtant jusqu'aux genoux,
　　Bien que comique,
　　Serait pour nous
　　Vraiment économique!

Mais, dans ces forêts de *Cheveux*
　　Je *crains*, si je m'embrouille,
D'être traité par mes neveux
　　Plus tard d'oncle bredouille...
Plaire au Public, j'en fais l'aveu,
　　Dans des réclames,
　　C'est un... *Cheveu!*
　　Bonsoir, Messieurs, Mesdames!

L'EAU-FIGARO

PAROLES ET MUSIQUE D'ÉTIENNE DUCRET

(Peut se chanter sur l'air du *Roi d Yvetot*.)

REFRAIN

Ah! ah! ah! ah! Oh! oh! oh! oh!
Rien ne vaut
Cette Eau
Figaro
Oh! oh!

Enfant chéri de Beaumarchais,
 Gai Barbier de Séville,
Fuyant le Théâtre-Français,
 Tu cours de ville en ville
Pour te faire un succès nouveau
En nous vendant, ô Figaro,
 De l'Eau
 — Ah! ah! ah! ah! etc.

Mesdames et Messieurs, si l'Eau
 Vous baptise à l'Eglise,
Chez nous, au contraire, c'est l'Eau
 Que Figaro baptise...
Pour faire honneur à son parrain,
Entonnons ce joyeux refrain :
 Drin! drin!
 — Ah! ah! ah! ah! etc.

Ce sémillant et fin jaseur,
 Sans se faire de bile,
Fut partout aussi franc raseur
 Que médecin habile...
Chez Viguier, nos cuirs chevelus
Bénissent ses vertus, de plus
 En plus...
 — Ah! ah! ah! ah! etc.

Quand, sous son nom, certain journal
 A langue de vipère,
Souille de son venin vénal
 Des têtes qu'on vénère,
Ici, rendant jeunes les vieux,
Il ne *noircit* que... leurs cheveux,
 Tant mieux!
 — Ah! ah! ah! ah! etc.

Oui, ce merveilleux Liniment
 Sans nitrate, ma chère,
Aux Cheveux, à la Barbe rend
 Leur *nuance première* :
Gris ou blancs, fins, drus, longs ou courts,
Il les recolore en *huit jours*
 Toujours...
 — Ah! ah! ah! ah! etc.

Un beau matin, si, Calino,
 Aux pieds d'une tigresse
Tu te réveilles *albino*,...
 Pour narguer la traîtresse,
Ton front avant l'âge caduc,
Reverdira grâce à ce suc,
 Sans truc...
 — Ah! ah! ah! ah! etc.

Si le fier Saint-Vallier, d'ennui,
 Si Stuart, Antoinette,
Qui *blanchirent* en une nuit,
 Avaient eu la recette
De cette *magique* Liqueur,
Ils auraient chanté, de grand cœur,
 En chœur :
 — « Ah! ah! ah! ah! etc.

Eau Figaro, tu *rajeunis*
 Même une tête ancienne...
Jusqu'à ta porte Saint Denis
 Vient déposer la sienne ;..
Et l'on entend, de toute part,
Répéter par plus d'un vieillard
 Gaillard :
 — Ah! ah! ah! ah! etc.

Dans tout Paris, du Boulevard
 Deux fois Bonne-Nouvelle,
Mesdames, portez, sans retard,
 Cette bonne nouvelle....
Et, pour que ceux que vous aimez
Soient de ses *parfums* embaumés !
 Charmés,...

Oh! oh! oh! oh! faites écho
Au chantre de l'Eau
Figaro,
Oh! oh!

MONTRES ET BIJOUX

Paroles et Musique par ÉTIENNE DUCRET

Peut se chanter sur l'air : SATAN DIT UN JOUR A SES PAIRS.

REFRAIN :

Entrez de confiance,
On vend : *Pendule, Bijou* fin,
Chaîne, Montre, Alliance,
A CRÉDIT, chez CRÉPIN !

Voulez-vous des *pendants* coquets,
Riche *bague* ou *breloque;*
Un *chronomètre,* qui jamais
Ne batte la breloque;...
Un *sautoir,* de vrais *bijoux*
A tous prix, pour tous les goûts?...
— Entrez de confiance, etc.

Là, marchant, *sans se déranger,*
La *pendule* fidèle,
A nos épouses, sans danger,
Peut servir de modèle...
Vous qui, dans le sentiment
Cherchez un *bon mouvement,*
— Entrez de confiance, etc.

Ce qui surtout me plaît beaucoup,
C'est ce gai badinage
Criant à nos jaloux : « *Coucou!..* »
Mais, dans votre ménage,
Si du *reveille-matin*
Vous aimez le doux tintin,
— Entrez de confiance, etc.

Au *cadran* de l'Humanité,
En attendant que tinte
L'heure de la Fraternité,...
Cette heure où, sans contrainte,
Tous nos citoyens d'accord,
Uniront leurs *chaînes d'or,...*
— Entrez de confiance, etc.

Pour vendre du *bon* et du *beau,*
Sa maison est connue :
En plein *boulevard Ornano,*
Sa flèche fend la nue...
On y vient de toute part,
Et vous pouvez, de ma part,
— Entrer de confiance, etc.

M. ET Mᵐᵉ DENIS

CHEZ

CRÉPIN AINÉ, de Vidouville (Manche)

11, 13, 15, boulevard Ornano, 11, 13, 15.

PARIS

(FANTAISIE)

Par ÉTIENNE DUCRET

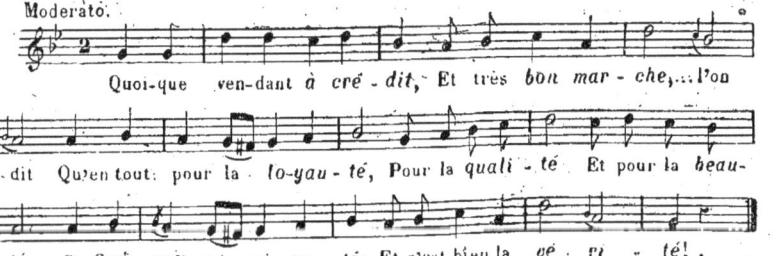

Quoi-que ven-dant à cré - dit, Et très bon mar - che,...l'on dit Qu'en tout: pour la lo-yau - té, Pour la quali - té Et pour la beau- té, Ce CRÉ - PIN est ré - pu - té; Et c'est bien la vé - ri - té!.

Quoique vendant A CRÉDIT,
Et *très-bon marché*, l'on dit
Qu'en tout : pour la *loyauté*,
Pour la *qualité*,
Et pour la *beauté*,
Ce CRÉPIN est réputé ;
Et c'est bien la vérité!...

Chez CRÉPIN le FOUR MICHEL
Est vraiment un don du ciel !
Pour y cuire, tour à tour :
Le *fricot* du jour
Et du *pain* autour;
Au dessert un petit-four,
Ce *four* n'a jamais fait four...

Avec, il donne un... SOUFFLET,
Dont *si magique* est l'effet,
Que le *charbon de terre* est,
Tout comme un cottret,
C'est ce qui me plaît,...
Embrasé, sans autre apprêt,
Au premier coup *de soufflet.*

A la minute, il vous cuit
Une côtelette, lui : ...
Rien qu'en brûlant au RÉCHAUD,
Un petit morceau
Du grand numéro
D'un journal.... n'en déplaise au
Directeur du *Figaro* !

Qu'il est commode et coquet,
LESS IVEUSE, ton baquet !
Comme par enchantement,
Tu rends joliment
Le linge plus blanc,...
En nous économisant
Plus de *quatre-vingt pour cent* !

Sur douze ASSIETTES s'est peint,
Avec ses objets, CRÉPIN :
Se riant des malins tours,
Et de nos faubourgs
Restant les amours,
Là, CRÉPIN, sans calembours,
Dans son assiette est toujours !...

Dans son établissement,
Puisqu'on vend : l'*ameublement*,
L'*instrument*, l'*habillement*,
Même l'*ornement*,
A *tempérament*,...
Bobonne, allons-y gaîment,
Pour prendre un *abonnement* !

(42.42) — PARIS. IMPRIMERIE JULES LE CLÈRE ET Cⁱᵉ, RUE CASSETTE, 29.

MONTRES ET BIJOUX

PAROLES ET MUSIQUE PAR ÉTIENNE DUCRET

PARIS

CHEZ L'AUTEUR : 64, RUE DE VAUGIRARD

MONTRES ET BIJOUX

Paroles et Musique par ÉTIENNE DUCRET

Vou - lez-vous des Pen - dants co-quets, Ri-

-che Bague ou Bre-lo-que, Un Chronomêtre, qui jamais Ne bat-te la ber - lo-que; Un Sau-

-toir, de vrais bi - joux A tout prix, pour tous les goûts... On vend, de con fi - an - ce; Bron-

-ze, Pendule et bi - joufin; Chaî - ne, Montre, Alli - ance, A CRÉDIT chez GRÉ-PIN!...

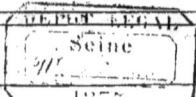

LES SPÉCIALITÉS EN VOGUE

A M. Ch. TARIN, Successeur de FONTAINE, Pharmacien de 1re Classe

9, Place des Petits-Pères, 9,

PARIS

LA

POMMADE FONTAINE

PAROLES ET MUSIQUE PAR ÉTIENNE DUCRET

PARIS

CHEZ L'AUTEUR : 64, RUE DE VAUGIRARD

LA POMMADE FONTAINE

(GAUDRIOLE HYGIÉNIQUE)

PAROLES ET MUSIQUE PAR ÉTIENNE DUCRET

LA POMMADE-FONTAINE

(GAUDRIOLE HYGIÉNIQUE)

Paroles et Musique par Etienne Ducret

Peut se chanter sur l'Air : *La bonne aventure, ô gué!*

1

Au diable les oripeaux!
  Ami du sans-gêne,
Prête-moi tes gais pipeaux,
  Grivois Diogène.
Sur ceux qui rongeaient ma peau,
Puisqu'elle a mis son harpeau :
J'offre mes vers à la Po-
  POMMADE-FONTAINE!...

2

Chaque soir sur mon sofa,
  · Lafaridondaine !
Tout en savourant la *Fa-*
  Rine Mexicaine,
Sur un corset de bon ton
J'aime à voir un frais *bouton*...
Mais non sur votre menton,
  Madame Fontaine.

3

Amis, pour moi, le vrai beau,
  C'est la face humaine...
Belles, que certain bobo
  Défrise et malmène,
Vous chercheriez, *in vano,*
Mens in corpore sano,
Si l'on vous ôtait la Po-
  POMMADE-FONTAINE...

4

Nuit et jour, en gémissant
  Comme une âme en peine,
Je me grattais jusqu'au sang,
  Je dormais à peine ;
Maintenant frais et dispos,
J'ai retrouvé le repos
Dans un de tes petits pots,
  POMMADE-FONTAINE !

5

J'avais, sur un *panaris,*
  Mis (quelle déveine !)
Tous les onguents de Paris :
  L'épreuve fut vaine...
Mais à ma gentille Emma,
Pour frotter son *eczema,*
J'ai donné ma paume et ma
  POMMADE-FONTAINE !

6

De la Pouille au Pont-Euxin,
  Même dans l'Athène,
Partout, le *lépreux* malsain
  Faisait quarantaine ;
Les Juifs, les Gallo-Romains,
Criaient, l'*engelure* aux mains :
« Ah! si nous t'avions au moins,
  POMMADE-FONTAINE !... »

7

A la Grèce, oui, tu manquais...
  Ta vogue est certaine :
Tes pots mignons et coquets
  S'en vont par centaine,
Laissant au sceptique sot,
Les gnouf! gnouf! de feu Grassot,
Et chacun te rend grâce,... ô
  POMMADE FONTAINE !

8

Muse, dans des champs nouveau
  Tu fais la futaine...
Si nos marchands de bravos,
  A coup de Mitaine,
Te fustigent pour cela,
Et te claquent... oh! la! la!
Tout ça glissera sur la
  POMMADE-FONTAINE !

AU POT SAUVEUR

DE LA PEAU...

PLUS D'ENGELURES!!!

Des impurs *virus* dont le germe,
Des *Acarus* dont le prurit
Endolorit,
Rougit,
Tuméfie, engourdit,
Ronge et meurtrit
Notre épiderme,
Toi, dont l'onction nous guérit,
Et ramène :
En nos cœurs la *santé*,
Sur nos fronts la *beauté*,
Liniment enchanté,
Ta popularité
Désormais est certaine :
Car *trente ans* de succès
Nous attestent assez
Ta vertu... *Pommade-Fontaine!*...

PRIX
Pommade Fontaine . . . . Le pot. **2 fr.**
Savon — . . . . Le pain. **2 fr.**
Essence concentrée de salsepareille . . . . Le flacon. **5 fr.**

PARIS

TARIN, seul propriétaire,

9, PLACE DES PETITS-PÈRES, 9

*Et dans toutes les bonnes pharmacies de France
et de l'Étranger.*

NOTA. **LA POMMADE FONTAINE** est préconisée par les plus grands médecins de Paris, pour guérir rapidement les *dartres* et la plupart des *maladies de la peau* réputées INCURABLES. Son effet est MERVEILLEUX contre les *rougeurs de la face*, l'*inflammation des paupières*, les *hémorroïdes*, les *démangeaisons de la tête, des oreilles*, etc...

3693 — Paris. Imp. Jules Le Clere et Cie, rue Cassette, 29.

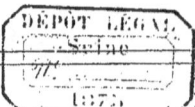

LES RIGOLLOTS

GAUDRIOLE

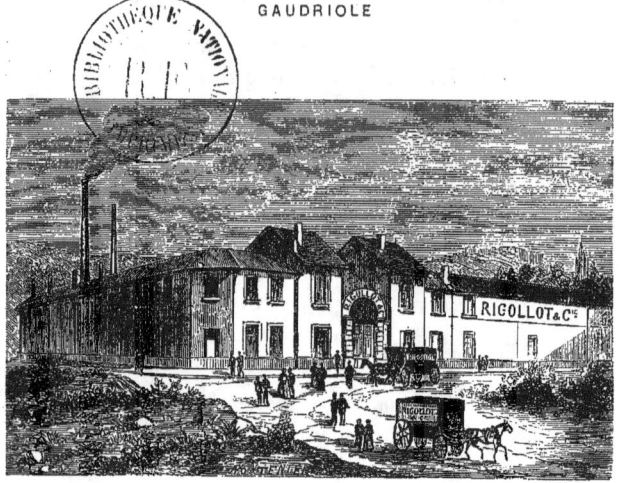

(Vue de la Fabrique du Papier Rigollot, à Fontenay-sous-Bois)

PAROLES ET MUSIQUE PAR ÉTIENNE DUCRET

PARIS

CHEZ L'AUTEUR : 64, RUE DE VAUGIRARD.

LES RIGOLLOTS

GAUDRIOLE

PAROLES ET MUSIQUE PAR. ÉTIENNE DUCRET

LES RIGOLLOTS

GAUDRIOLE

PAROLES ET MUSIQUE PAR **ÉTIENNE DUCRET**

(Peut se chanter sur l'air du *Roi d'Yvetot*.)

Franc bourguignon, ici, par goût,
Mes Enfants, il me tarde,
Après avoir parlé de tout,
De chanter la... *Moutarde!*
Si ces couplets gaîment tournés
Nous montent, après nos dîners,
Au nez...

Amis, chaud! chaud!
Crions bien haut :
« C'est piquant,... mais c'est *rigolo*,
Oh! oh! »

Oui, proclamons-le hardiment,
Cette utile conserve,
Comme *topique* ou *condiment*,
Nous plaît... qu'on nous la serve
Sur l'épiderme ou le fricot,
En graine, en farine, en lingot,
En pot...

Amis, chaud! chaud !... etc.

Sur la côte, près de Dijon,
Se fabrique et se mange
La fine *moutarde de Mon...*
Que ce nom me démange !...
Aux payses le vendangeur
Le chante sans offenser leur
Pudeur...

Amis, chaud! chaud !... etc.

Pour rire à tire-larigot,
Entrez à la gargote...
Étendez sur votre gigot
Pas mal de *Ravigote* :
Ce chatouillant revenez-y
Soudain vous provoque un lazzi :
Hi! hi !...

Amis, chaud! chaud! etc.

Oui, nous t'aimons de plus en plus,
Car, sans charlatanisme,
Blonde *Moutarde*, tu n'es plus
Un gâcheux sinapisme...
Grâce à RIGOLLOT, tu nous fais
Mieux encore apprécier tes
Bienfaits...

Amis, chaud! chaud !... etc.

Jadis, on beuglait : oh! la! la !
On se tordait en spasme,
Quand, sans pitié, se plantait là
L'incisif cataplasme...
Ceci vous fait, en moins de rien,
Pour un petit mal un grand bien :
Eh bien !

Amis, chaud! chaud !... etc.

« Ah! ah! eh! eh! hi! hi! oh! oh !...
Hu! hu!... j'ai ma *Migraine*...
Aie! ouf!... viens calmer mon bobo,
Mirobolante Graine!...
Bien des fois tes effets mordants
Ont mis les arracheurs de dents. .
Dedans !... »

Amis, chaud! chaud !... etc.

Vous qui, comme une soupe au lait,
Vous enlevez... tonnerre !
Collez-vous ça sur le mollet :
Ce *feuillet* débonnaire,
Sans vous blesser, en vous pinçant,
De la tête aux pieds vous descend
Le sang...

Amis, chaud! chaud !... etc.

Bref!... narguant les cancans jaloux
De la race bâtarde
Des critiqueurs, des cantalous
Et des brasse-moutarde,
Pour lui faire un succès complet,
De ma Chanson si le couplet
Vous plaît,

Amis, chaud! chaud !... etc.

PARIS. — IMPRIMERIE JULES LE CLERE ET Cᵉ, RUE CASSETTE, 29.

LE CAFÉ HYGIÉNIQUE BARLERIN

DE TARARE (Rhône)

OU

LE ROI DES MOKAS...

(CHANSON DE TABLE)

PAROLES ET MUSIQUE

PAR ÉTIENNE DUCRET

PARIS

CHEZ L'AUTEUR : 64, RUE DE VAUGIRARD.

LE CAFÉ HYGIÉNIQUE BARLERIN

ou

LE ROI DES MOKAS

PAROLES ET MUSIQUE D'ÉTIENNE DUCRET.

PIANO

Refrain.

Doux, to - nique, Hygi - é - nique, De ce CA-FÉ l'on fait cas; Pour son baume, Son a-rôme, Qui c'est le ROI DES MO

1er Couplet.

Puisque ce *nectar*

- KAS ! ra - re, Ce *lo-lo* souve-rain. Se fabrique à TA-RA-RE, Chez Raoul BARLE-RIN, ... Vrai gourmet

sy-ba-ri-te, Je chan-te *ce qu'à fait* Ce chimiste é-mé-ri-te, Et très fort en *Ca-fé*... Doux, to -

LE CAFÉ HYGIÉNIQUE BARLERIN

OU

LE ROI DES MOKAS

PAROLES ET MUSIQUE D'ÉTIENNE DUCRET

(Peut se chanter sur l'air de *LA MÈRE ANGOT*)

REFRAIN :

Doux, tonique,
HYGIÉNIQUE,
De ce CAFÉ l'on fait cas :
Pour son baume,
Son arome,
Oui, c'est le *Roi des Mokas* !

1

Puisque ce *Nectar* rare,
Ce *Lolo* souverain
Se fabrique à TARARE,
Chez RAOUL BARLERIN;
Vrai gourmet-sybarite,
Je chante ce qu'a fait
Ce chimiste émérite
Et très-fort... en Café !...
— Doux, tonique, etc.

2

Laissant au roi de Prusse
L'infernal canon *Kroup*,
S'il tient d'un savant russe,
Pour nous sauver du *croup*,
L'électrique puissance
Du COLLIER WIATKA,
En l'honneur de la France,
Nous sablons son *Moka*.
— Doux, tonique, etc.

3

Que partout on l'acclame,
Du Pô jusques au Rhin !
Pour nous réjouir l'*âme*,
Ce *Café-Barlerin*
Est cent fois plus suave
Que le café qu'on sert
Au Pékin, au Zouave,
Même... au Café-Concert.
— Doux, tonique, etc.

4

Ta liqueur purpurine,
O *Dictame* vainqueur,
Soulage la *poitrine*
Et la *tête* et le *cœur* !...
Et, narguant la séquelle
Des sceptiques Thomas,
Par milliers, l'on sait qu'*Elle*
Guérit nos *estomacs* !
— Doux, tonique, etc.

5

Pour tout ce qui concerne
La *santé*,... quel bonheur !
L'*Institut* te décerne
La *médaille d'honneur*.
A ce brillant insigne,
O BARLERIN-LE-GRAND,
On reconnaît le digne
Héros du... MAZAGRAN !
— Doux, tonique, etc.

6

Pour ton *Café* d'élite,
Chacun te bénit... ô
Bienheureux acolyte
Del doctor Benito,
Ton succès fait la nique
Au bourbon *Zanzibar*,...
Et le vieux *Martinique*
Bout de rage... en son marc.
— Doux, tonique, etc.

7

Nouveau *Michel-Archange* (1)
Que ta spatule en fer
Nous protége, et nous change
En Paradis l'Enfer !
Et que l'Europe entière
A ton nom,... s'écrie : « Ah !
Sors de la cafetière,
Gloria, Gloria !... »
— Doux, tonique, etc.

8

Vous qui tenez à faire
Un déjeuner choisi,
Au *lait*, c'est votre affaire :
Mes enfants, goûtez-y !
Ce fin Café remplace :
Chocolats, Racahouts;
Et chaque grande tasse
Coûte deux petits sous !
— Doux, tonique, etc.

(1) BARLERIN est le successeur du pharmacien *Michel* !...

LE CAFÉ HYGIÉNIQUE

BARLERIN

Ce *Café Hygiénique, stomachique et fortifiant,* est préparé avec le fruit du caféier privé de son principe âcre, et l'addition de deux fruits d'origine persane (le *Juo* et le *Bauzas* des Perses), torréfiés à la vapeur par un procédé particulier.

Le *Café Hygiénique* se prend comme boisson ordinaire, sans irriter l'estomac ni les intestins. — Il guérit les affections des *voies digestives ;* les *migraines, névralgies ;* — les maladies des femmes (*chlorose, pertes blanches,* etc.), et convient aux personnes *nerveuses.*

Le *Café Hygiénique* se fait à *l'eau :* — la dose pour une tasse est d'environ 6 gram. (une cuillerée à bouche). — *Au lait,* à déjeuner, il remplace avec avantage tous les cafés, racahouts, chocolats, etc.

Pour éviter les contrefaçons, il ne se vend qu'en boîtes vertes, portant une étiquette recouverte de la signature de l'inventeur, seul propriétaire :

R. BARLERIN,
Pharmacien-chimiste, à *TARARE* (*Rhône*).
(Deux médailles d'honneur).

PRIX : la Boîte { de 500 grammes, pour 100 tasses . . . . . 2 fr.
de 400 grammes, pour 80 tasses . . . . . 1 fr. 65
de 250 grammes, pour 50 tasses . . . . . 1 fr. 25

DEMANDER AUSSI :

LA
FARINE MEXICAINE
ALIMENT SOUVERAIN
CONTRE LES MALADIES DE POITRINE, ETC.

~~~

SUCCURSALES

A Paris, TARIN, ph., 9, place des Petits-Pères.

A Lyon, FARLEY, ph., 114, quai Pierre Scize.

LE
COLLIER WIATKA
PRÉSERVATIF
DU CROUP ET DE LA COQUELUCHE

~~~

Grands dépôts généraux.
—
A Alençon, 10, rue aux Cieux,

A Toulouse, 25, place Saint-Georges.

AU DÉTAIL, dans les principales maisons de France.

(3091(— PARIS, IMP. JULES LE CLERE ET Cⁱᵉ, RUE CASSETTE, 29.

PHARMACIE L. PRADEL

31, *rue du Four-Saint-Germain*, 31

PARIS

LE SEL PRADEL

PAROLES

MUSIQUE

PAR

ÉTIENNE DUCRET

PARIS

CHEZ L'AUTEUR : 64, RUE DE VAUGIRARD.

LE SEL PRADEL

PAROLES ET MUSIQUE PAR ÉTIENNE DUCRET

CHANT

PIANO

Pour chan-ter de ce SEL L'effet u-ni-ver-
-sel, Pistons, Flutes, Cré-celles, E-clatez du Caire à Bru-xelles!...De Pa-ris à Cas-sel, Du Pô
jusqu'au Té-xel, Viellard ou Jouven-cel Chacun bénit ce SEL PRA-DEL!...
Toi qui tan-çais de fa-çon singu-liè-re: Tartufe, Or-gon, Pourceaugnac, Harpa-
gon, Dia-foi-rus, Sgana-relle et Purgon, J'invoque i-ci ta ma-rotte, ô Mo-liè-re

LE SEL PRADEL

PAROLES ET MUSIQUE PAR **ÉTIENNE DUCRET**

REFRAIN.

Pour chanter de ce SEL
L'effet *universel*,
Pistons, Flûtes, Crécelles,
Eclatez du Caire à Bruxelles!...
De Paris à Cassel,
Du Pô jusqu'au Texel,
Vieillard ou Jouvencel,
Chacun bénit le SEL
PRADEL!...

Toi, qui tançais de façon singulière :
Tartufe, Orgon, Pourceaugnac, Harpagon,
Diafoirus, Sganarelle et Purgon,..
J'invoque, ici, ta Marotte, ô MOLIÈRE!
— Pour chanter de ce SEL, etc.

Ce SEL convient : au Moine, au Prolétaire,
Au Bureaucrate, à l'Artiste, à tous ceux
Qui souffrent d'être, hélas! réduits, chez eux,
A vivre dans un état sédentaire...
— Pour chanter de ce SEL, etc.

Pour évincer vos *drogues* insensées,
Ce *Laxatif* simple et *rationnel*,
Fiers Charlatants, n'eut jamais, comme SEL,
Rien de commun avec vos Panacées...
— Pour chanter de ce SEL, etc.

Rafraîchissant, tonique, inaltérable,
Mieux que l'*Absinthe* il ouvre l'appétit;
Dans un peu d'eau (*sans tisane*) il suffit
D'en boire *à jeun*, et voire même à table!...
— Pour chanter de ce SEL, etc.

S'en régalant sans danger, à son aise,
A sa *saveur* plus d'un Gourmet prend goût..
MIGRAINE, adieu!... Plus de FIÈVRES!... surtout,
Plus de GASTRITE et plus de VENTRE OBÈSE!...
— Pour chanter de ce SEL, etc.

L'heureux Mortel dont l'abdomen recèle
Ce doux influx,... à ses travaux se rend
Sans crainte aucune ; et, le jour qu'il en prend,
Le Cavalier crie en montant en selle :
— « Pour chanter de ce SEL, etc.

Ce SEL *français*, —qu'à tous je recommande, —
Malgré son *prix réduit*, c'est certain,...a
Plus de vertus que les *Eaux de Pulna*
Ou de *Sedlitz* dans leur fiole *allemande !*...
— Pour chanter de ce SEL, etc.

Aux Gouvernants de nos deux hémisphères
J'offre, à coup sûr, ce moyen jovial
De rassainir notre Corps social,
Pour *faire aller* un peu mieux les affaires...
— Pour chanter de ce SEL, etc.

Au numéro *trente et un* de la *rue-
du-Four*, PRADEL, sans jamais faire four,
Depuis *dix ans*, dans le noble faubourg
L'administre,... et son adresse est connue !...
— Pour chanter de ce SEL, etc.

Si vous trouvez, — (quel injuste reproche !)
Que ces couplets manquent de SEL,.. hélas!
Souvenez-vous, Messieurs, qu'en certain cas
On a besoin de. . papier dans sa poche !
— Pour chanter de ce SEL, etc.

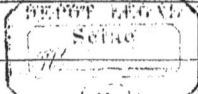

LES SPÉCIALITÉS EN VOGUE

LE
TAPIOCA UNIVERSEL
DU BRÉSIL

PAROLES ET MUSIQUE D'ÉTIENNE DUCRET.

PARIS

MAISON E. FOURCADE, 7, rue Neuve-Saint-Merri.

—

Et chez l'auteur, 64, rue de Vaugirard.

MAISON E. FOURCADE, 7, RUE NEUVE-SAINT-MERRI.

LE TAPIOCA UNIVERSEL
DU BRÉSIL
PAROLES ET MUSIQUE D'ÉTIENNE DUCRET

MAISON E. FOURCADE, 7, RUE NEUVE-SAINT-MERRI. — PARIS.

LE TAPIOCA UNIVERSEL

DU BRÉSIL

PAROLES ET MUSIQUE D'ÉTIENNE DUCRET

1

Quand, au *cliquetis* des fourchettes,
Succède un bachique *tintin*,
Quand disparaissent les assiettes,...
Pour couronner le gai festin,
Si j'éprouve un plaisir extrême,
A savourer un fin *moka*,
Avant mon dîner, ce que j'aime :
      Ah! ah! ah!
C'est le Ta Ta, Ta Ta Ta Ta, } *bis.*
   Le bon TAPIOCA!...

2

Pour ranimer notre faiblessse,
L'analeptique *Manioc*,
De l'Amérique, nous adresse,
Sa *fécule* arrangée *ad hoc.*
Ma foi!.. sans être anthropophage,
Puisque son père est un *Inca*,
En l'*avalant* je rends hommage
      Ah! ah! ah!
Au bon Ta Ta, Ta Ta Ta Ta, } *bis.*
   Au bon TAPIOCA!

3

Des ordonnances d'Esculape,
Moi qui ne suis pas partisan,
Malade ou non, gaîment je *lape*
Ce mets suave : .. goûtez-en!..
Mieux qu'une fade médecine,
Ce qui, soudain vous remettra
Le *cœur*, la *tête* et la poitrine,
      Ah! ah! ah!
C'est le Ta Ta, Ta Ta Ta Ta, } *bis.*
   Le bon TAPIOCA!..

4

Le TAPIOCA, sur mon âme,
Est le *potage* des amours...
Avec bonheur, près de ma femme,
J'en fais l'épreuve tous les jours : —
« Lorsqu'à souper tu me convies,
Vois-tu, — me dit *Lodoïska*, —
Charles, je ferais des folies...
      Ah! ah! ah!
Pour le Ta Ta, Ta Ta Ta Ta, } *bis.*
   Le bon TAPIOCA. »

5

A SAINT-MERRI : — dame ou fillette,
Bambin, *céladon*, jouvencel,
C'est à qui viendra faire emplette
De ce *régal universel!*..
C'est un délire,... une toquade!..
Jusqu'à la vieille *Rebecca*,
Qui crie : — « Oh! donne-moi, FOURCADE,
      Ah! ah! ah!
Du bon Ta Ta, Ta Ta Ta Ta, } *bis.*
   Du bon TAPIOCA! »

6

Son succès vivra plus d'un lustre!
Ce produit ravit nos *cinq sens* :
Doux au *toucher*,... quand il s'illustre,
A nos yeux de plus de cinq cents
Tableaux charmants,... quelle merveille!
Quel *parfum!*... quel *goût* délicat!
La bouche en cœur chante à l'*oreille* :
      « Ah! ah! ah!
Quel bon Ta Ta, Ta Ta Ta Ta, } *bis.*
   Quel bon TAPIOCA!...»

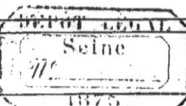
MAISON CH. FAŸ, PARFUMEUR BREVETÉ

9, rue de la Paix, à Paris.

LA VELOUTINE

PAROLES   ET MUSIQUE

PAR

ÉTIENNE DUCRET

PARIS

CHEZ L'AUTEUR : 64, RUE DE VAUGIRARD

MAISON CH. FAY, RUE DE LA PAIX, 9.

LA VELOUTINE

PAROLES ET MUSIQUE PAR ÉTIENNE DUCRET

C'est la VELOU-TINE La poudre di-vi-ne Dont le doux pollen enchanté Redonne à la mine Mo-rose et cha-grine Le gai sou-rire et la beau-té.

Oui, parce temps de pom-peu-se ré cla-mes, Sans vous je-ter, i-ci, la poudre aux yeux, Sans crainte on peut vous l'as-su-rer, mes-da-mes; La poudre qui...qui vous convient le mieux: Ah! c'est la VELOU-

MAISON Ch. FAŸ, RUE DE LA PAIX, 9.

LA VELOUTINE

PAROLES ET MUSIQUE PAR ETIENNE DUCRET

REFRAIN.

C'est la VELOUTINE,
La poudre divine,
Dont le doux pollen enchanté
Redonne à la mine
Morose et chagrine
Le gai *sourire* et la *beauté!*

1

Oui, par ce temps de pompeuses réclames,
Sans vous jeter ici la poudre aux yeux,
Sans crainte on peut vous l'assurer, Mesdames.
La poudre qui... qui vous convient le mieux :
   Ah!... c'est la VELOUTINE!... etc.

2

La *Veloutine*!... ô ma gentille blonde,
Rien qu'en traçant ce nom charmant... je ris...
La poudre la plus *riante* du monde,
En vérité c'est la poudre de... riz.
   Ah! c'est la VELOUTINE! etc.

3

La fleur de riz, que parfume la rose,
Que le *bismuth* argente... qui du lis
Prend la blancheur, et qui métamorphose
La sombre Hécate en gracieuse Iris...
   Ah! c'est la VELOUTINE! etc.

4

Sur vos épaules d'albâtre, oh oui! j'aime
A voir flotter vos brillants cheveux d'or!
Mais votre teint fleuri, quel stratagème
Le rend pour moi plus adorable encor?
   Ah! c'est la VELOUTINE! etc.

5

Cette *prima-dona*, sur le théâtre,
Fait applaudir ses talents avec art ;
De sa beauté que la foule idolâtre,
Le vrai secret, je vous le dis sans fard :
   Ah! c'est la VELOUTINE! etc.

6

Au bal, voyez ces pimpantes sylphides,
Qui le croirait? elles ont cinquante ans!...
Quelle magie, en effaçant leurs rides,
Leur a donné cet éternel printemps?
   Ah! c'est la VELOUTINE! etc.

7

Sur votre joue épanouie et fraiche,
Si de l'amour, dans un mol abandon,
La lèvre croit effleurer une pêche,
Qui donc lui fait cet effet? c'est : pardon!
   Ah! c'est la VELOUTINE! etc.

8

Sous nos baisers, que la poudre qui tue,
Parte en fumée et s'envole à jamais...
Car, de *la Paix* FAŸ choisit *la rue*
Pour nous lancer une autre *poudre*... mais,
   Ah! c'est la VELOUTINE! etc.

9, RUE DE LA PAIX, 9.

A PARIS

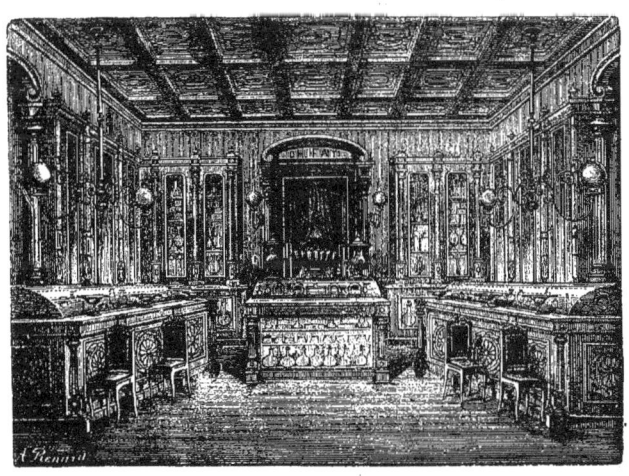

Dessins-Albums de GLÜCQ, 47, rue Fontaine-Saint-Georges.

3696 — PARIS, IMPRIMERIE JULES LE CLÈRE ET Cⁱᵉ, RUE CASSETTE, 29.

L'EAU SUPRÊME

Paroles et Musique par ÉTIENNE DUCRET

PARIS

CHEZ L'AUTEUR : 64, RUE DE VAUGIRARD

L'EAU SUPRÊME

Paroles et Musique d'ÉTIENNE DUCRET

L'EAU SUPRÊME

PAROLES ET MUSIQUE PAR ÉTIENNE DUCRET

Peut se chanter sur l'air de : *N'ayons pas peur du canon.*

Ce matin, pour m'égayer,
  Tout en battant la flême,
Mes amis, sans bégayer,
  Puisqu'après tout je l'aime,
Je vais vous chanter l'EAU,... l'EAU,...
Vous chanter l'EAU,... l'EAU,... SU,... SU,
  Vous chanter l'EAU,... l'EAU,
  Vous chanter l'EAU SU,...
Vous chanter l'EAU SUPRÊME !

Le *Crâne* étant le plus haut
  Degré de mon système,
Et puisqu'au *Crâne* cette EAU
  Nous fait un bien extrême,
On peut l'appeler l'EAU,... l'EAU,...
L'appeler l'EAU,... l'EAU,.., SU,... SU,
  L'appeler l'EAU,... l'EAU
  L'appeler l'EAU SU,...
L'appeller l'EAU SUPRÊME !

Depuis *vingt ans*, le *Cheveu*
  Tombait de mon front blème.
Maintenant, j'en fais l'aveu,
  Son *touffu* diadème
Ma tête le doit à l'EAU
Le doit à l'EAU,... l'EAU,.,. SU,... SU,
  Le doit à l'EAU,... l'EAU
  Le doit à l'EAU,... SU,...
Le doit à l'EAU SUPRÊME !

Pour que de *cheveux* aussi
  Votre *Chef* se parsème,
Vous n'avez qu'à faire ici
  Ce que j'ai fait moi-même:...
Messieurs, prenez de l'EAU,.., l'EAU,...
Prenez de l'EAU,... l'EAU,... SU,... SU,
  Prenez de l'EAU,... l'EAU
  Prenez de l'EAU SU,...
Prenez de l'EAU SUPRÊME !

Des *faux Toupets*, en effet,
  Fuyons le stratagème,
Mesdames, puisqu'on s'en fait
  Pousser de *vrais* quand même,
Avec un peu de l'EAU,... l'EAU,...
Avec de l'EAU,... l'EAU,... SU,... SU,
  Avec de l'EAU,... l'EAU
  Avec de l'EAU,... SU,...
Avec de l'EAU SUPRÊME !

CHAUVES, dont la *tête bout*
  D'affronter ce problème,
Au numéro 2, TAITBOUT,
  Maison TORTONI même,
Courez chercher de l'EAU,... l'EAU,...
Chercher de l'EAU,... l'EAU,... SU,... SU,
  Chercher de l'EAU,... l'EAU
  Chercher de l'EAU,... SU,...
Chercher de l'EAU SUPRÊME !

L'EAU SUPRÊME

HYGIÈNE DE LA CHEVELURE

DÉPÔT : Maison DOUGLAS, parfumeur

Marque de fabrique

21 et 23, New Bond Stret, à Londres.

Entrepôt général, — 2, rue Taitbout, 2, — Maison Tortoni. Paris.

Exclusivement composée de plantes aromatiques, l'**EAU SUPRÊME** ne peut être égalée par aucun produit de ce genre.

De longues recherches ont fait découvrir le principe vivifiant qui en constitue la base essentielle.

Son action salutaire se révèle dès les premiers jours de son emploi.

Elle arrête instantanément la chute des cheveux, leur communique une vigueur nouvelle, les fait pousser rapidement, les empêche de blanchir et détruit les pellicules.

Par son emploi fréquent, les teintures deviennent inutiles.

MODE D'EMPLOI

Imbiber le cuir chevelu avec une éponge ou une brosse douce, en séparant les cheveux ; en mettre principalement sur le sommet de la tête et aux tempes; se brosser soigneusement la tête. Renouveler cette friction trois fois par semaine, en mettant, chaque fois, un jour d'intervalle.

POMMADE SUPRÊME

La **POMMADE SUPRÊME** complète l'emploi de l'Eau Suprême. Elle est composée des mêmes principes.

S'en servir comme de pommade ordinaire.

Se trouve chez les principaux coiffeurs-parfumeurs de France et de l'étranger

PARIS. — IMPRIMERIE JULES LE CLERE ET Cie , RUE CASSETTE, 29.

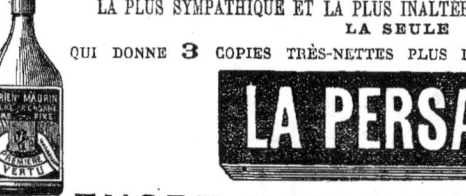

JUSTIFICATION DU TIRAGE

Nous déclarons avoir imprimé et remis au *relieur*

MILLE EXEMPLAIRES

De chacun des morceaux composant

L'ALBUM LYRIQUE ILLUSTRÉ

DES

SPÉCIALITÉS EN VOGUE

PAR

ÉTIENNE DUCRET

JULES LE CLERE ET Cie

IMPRIMEURS DE N. S. P. LE PAPE ET DE L'ARCHEVÊCHÉ DE PARIS

29, rue Cassette, 29.

IMPRESSIONS DE LUXE
ET DE BIBLIOPHILES
CARACTÈRES ELZÉVIRIENS
ET AUTRES.
MUSIQUE TYPOGRAPHIQUE
RELIGIEUSE ET PROFANE
PLAIN-CHANT
CHROMO-TYPOGRAPHIE
INDUSTRIELLE.

IMPRESSIONS DE BROCHURES
JOURNAUX
CIRCULAIRES
PROSPECTUS ET FACTURES.

MÉDAILLE D'ARGENT
EXPOSITION UNIVERSELLE 1867
PRIX
A L'EXPOSITION DE ROME 1870

Paris, 31 décembre 1875.

TABLE SUPPLÉMENTAIRE

COURS DE DANSE
ET DE SOLFÉGE
POUR LES ADULTES ET POUR LES ENFANTS DES DEUX SEXES
4, RUE DE NESLE, 4
(Ancienne rue d'Anjou-Dauphine.)

Cours permanents de 9 heures à 11 heures du soir. — Leçons de maintien et de présentation ; Danses anciennes et modernes : Valse, Polka, Schottisch, Mazurka, etc.

Mme Vve L***, élève des premiers artistes de Paris, lauréat et membre de plusieurs sociétés savantes et artistiques, enseigne le *piano*, l'*accordéon*, l'*harmonium*, l'*orgue*, la *harpe*, etc.

Ces Cours d'ensemble offrent l'avantage de PROGRÈS RAPIDES et de charmantes réunions, où se trouve la meilleure société.

Leçons PARTICULIÈRES et à domicile, au mois ou au cachet
Prix modérés.

MAISONS D'ÉDUCATION

UNE

BONNE PENSION

Femme, il est temps que nous pensions,
A l'éducation de Cécile.
Mais, entre mille Pensions,
Bien choisir n'est pas très-facile.
A cet âge il faut le grand air,
Les prés verdoyants, la campagne ;...
D'une bonne santé, — c'est clair —
L'esprit toujours mieux s'accompagne...
Or, pour cela, point n'est besoin
D'exiler notre Enfant au loin :...
Dans l'atmosphère pure et saine
Qui règne aux abords de Vincenne,
Il est, à *Fontenay-sous-Bois*,
Un PENSIONNAT qui, je crois,
Nous convient de toute manière.
Là, plus d'une riche *Héritière*,
Demoiselle de noble sang;
Là, de l'honnête *Commerçant*,
Du modeste *Employé* la fille
Y puisent gaîment, en famille,

Aux sources vives du Savoir,
Les douces leçons du Devoir.
    Notre nièce Rosalie, —
    Pour les parents quel bonheur ! —
    L'an dernier, en est sortie
Avec un *diplôme d'honneur !*
    En nous promenant, ma Chérie,
C'est dimanche, suis mon conseil,
Allons-y !... l'adresse est connue :
C'est à *Fontenay*..., dans la rue...
        Mauconseil.
D'ici, la ligne de Vincenne,
    En quelques instants,
        Nous y mène... —
        Attends...
    De ce séjour modèle,
    Si ma mémoire est fidèle,
    La Directrice s'appelle ?...
Son nom rime avec Guttenberg...
Ah ! c'est... madame FREYDENBERG !...

ÉTIENNE DUCRET.

(VOIR AUX ANNONCES LES MAISONS RECOMMANDÉES.)

FOURNITURES DE BUREAUX

ACKER, 29, rue Neuve-des-Petits-Champs.
ALEXANDRE Nᵒˢ, 35, rue d'Aboukir.
BAZIN et GIRARDOT, 174, rue Saint-Jacques.
CHAMOUIN (Classe-Notes), 29, rue Bonaparte.
BÉRANGER, 36, rue des Saints-Pères.
CHOISNEL, 10, Carrefour de l'Odéon.
CABASSON, 29, rue Joubert.
DE LA RUE, 31, rue d'Enghien.
DORVILLE, 6, rue d'Aboukir.
DUCROQUET, 42, rue de Cléry.
MORIZET, 33, rue Montmartre.
FABER, 76, boulevard de Strasbourg.
FORTIN, 59, rue Neuve-des-Petits-Champs.
A. GIROUX (Duvignage), 43, b. Capucines.
GRIMAULT, 35, faubourg Saint-Denis.
JOLLY, 20, rue Malher.

LEGRAND, rue du Delta.
JOUSSET, 53, rue du Bac.
LEGENDRE, 49ᶜ rue Saint-André-des-Arts.
MAUGARS, 30, rue Ste-Croix-de-la-Bretonnérie.
MAURIN, 4, rue des Vielles Haudriettes.
MAYOUX, rue des Francs-Bourgeois.
NACHMANN, 39, rue Montmartre.
LEVEL frères, 5, rue Martel.
PRÉVOST, 15, rue de la Paix.
ROUMESTAN, 10, rue Montmorency.
ROUTIER, 9, rue Neuve-Saint-Merry.
SOYE, 153, rue Montmartre.
SEMICHON, 30, faubourg Montmartre.
SUSSE frères, 31, rue Vivienne.
RESSÉJAC, 59, rue Notre-Dame-de-Nazareth.
GEDALGE, 9, rue Malher.

Encre–Poudre–Ewig, 10, rue Taibout.

INSTITUTIONS

LELARGE, *études complètes en 2 ans.*
9, impasse Royer-Collard, rue Gay-Lussac.

PRÉPARATION rapide aux Baccalauréats,
P. PELON, — 23, rue Vieille-du-Temple.

INSTITUTION DES BÉGUES.
CHERVIN, — 90, avenue d'Eylau.

AGENCE BERNIER et Cᵉ, *placement des instituteurs.*
4, rue Turbigo, 4.

PRÉPARATION à toutes les Écoles. BEAUMONT,
6, place des Vosges, 6.

HARANT, (*Écoles du gouvernement.*)
9, rue de Jouy.

IMPRIMERIES. — PAPETERIES. — LIBRAIRIES.

A FIRMIN-DIDOT Frères & Fils

Sur le seuil de ton Temple au fronton centenaire,
Laisse-moi déposer ce souvenir de frère :
Ici, pâle et souffrant, Moreau t'offrit jadis,
Firmin-Didot, la fleur de son *Myosotis* !

Tandis que ton Aîné, digne de vos ancêtres,
Est le révélateur des chefs-d'œuvre des Maîtres,

Sur les traces d'*Estienne, Elzévir, Montgolfier,*
En réformant le Type et changeant le Papier,
Rendre du *Livre,* enfin, l'édition parfaite ;
Être artiste, érudit, législateur, poëte :
Rien ne manque à ta gloire ;... acclamant tes succès,
Irmin, je te salue, ô Guttenberg français !...

Des Fils t'ont succédé dans ta mission sainte :
On voit la *Croix* briller sur le cœur d'Hyacinthe ;
D'Athènes et de Rome exhumant les *Trésors,*
Imprimeur *helléniste* et *consulaire,* alors,
Du réveil de la Grèce Ambroise est le Tyrtée !

Non, leurs Enfants non plus ne t'ont pas désertée,
Immortelle Phalange !... et, l'auréole au front,
Marchant unis et fiers,... leur âme fraternelle
Rayonne au grand soleil du Progrès !... — A vous donc,
Illustres héritiers de l'arche paternelle,
Fidèles défenseurs de ce noble dépôt,

A vous aussi, salut, Alfred et Paul Didot !

ETIENNE  DUCRET.

PRINCIPAUX FABRICANTS DE PAPIERS

Barthélemy, rue Saint-Séverin, 10.
Bellin, rue de l'Eperon, 8.
Blanchet fr. et Kleber, r. des Bons-Enfants, 24.
Breton frères, rue des Grands-Augustins, 19.
Canson et Montgolfier, rue Palestro, 39.
Collas, rue Thévenot, 5.
Havard et Lips, rue Nicolas Flamel, 5.
Didot frères, rue de Beaune, 4.
Duquénel, rue Charlot, 9.
Essonne, rue de Rivoli, 80.
Echarcon, rue des Deux-Boules, 10.
Failliot, rue de la Verrerie, 41.
Gratiot père et fils, boulev. Saint-Germain, 106.
Krantz, rue Dauphine, 31.
Lacroix et Cᵉ, rue Mazarine, 60.
E. Lair, rue Saint-André-des-Arts, 60.
Vaissier, rue Saint-André-des-Arts, 45.

Lecoq et Alamigeon, rue Montmorency, 5.
Laroche-Joubert, avenue Victoria, 22.
Lepine, rue de l'Ancienne-Comédie, 14.
Malmenayde, rue de Seine, 53.
Marion fils et Géry, cité Bergère, 14.
Mannoury-Wolf, passage Jabach, 42.
Montgolfier frères, rue de Seine, 18.
Morel et Bercioux, rue Mazarine, 30.
Odent, boulevard Saint-Michel, 11.
Outhenin-Chalandre, r. N.-D.-des-Victoires, 16.
Marais, rue du Pont de Lodi, 3.
Pascal fils, cour des Miracles, 48.
Prioux et Olmer, quai des Grands-Augustins, 47.
Reine, rue de Furstenberg, 4.
Souche, rue du Pont de Lodi, 5.
Varin, rue Saint-Honoré, 108.
Warral et Cᵉ, rue Charlot, 12.

IMPRIMERIES

Appel, rue du Delta, 12.
Mᵒⁿ Chaix, rue Bergère, 20.
Chéret, rue Brunel, 18.
Chardon, rue Hautefeuille, 30.
Claye, rue Saint-Benoît, 7.
Didot, rue Jacob, 56.
Paul Dupont, rue Jean-Jacques Rousseau, 41.
Goupil, rue Chaptal, 9.
Goupy, rue Garancière, 5.

Lahure, rue de Fleurus, 9.
Le Clere et Cᵉ, rue Cassette, 29.
Martinet, rue Mignon, 2.
Motteroz, rue du Dragon, 31.
Plon, rue Garancière, 8.
Richard, passage de l'Opéra.
Rouge frères, Dunon et Fresné, rue du Four-Saint-Germain, 43.
Wiesener, rue Delaborde, 36.

LIBRAIRES

Bachelin-Deflorenne, *Livres rares, artistiques*, boulevard des Capucines, 10.
Baillière, *Librairie scientifique*, rue Hautefeuille, 19.
Baudry, Librairie polytechnique, rue des Saints-Pères, 15.
Baur, Librairie ancienne (rares), rue des Saints-Pères, 14.
Curmer, Paroissiens de luxe, rue Richelieu, 47.
G. Caen, Livres rares, passage Panoramas, 15.
Dumaine, Librairie militaire, rue Dauphine, 30.
Hetzel et Cᵉ, Contes et Romans, rue Jacob, 18.
Lemoine, Arts et Manufactures, quai Malaquais, 15.
Didier et Cᵉ, Librairie académique, quai des Grands-Augustins, 25.
Didot, rue Jacob, 56.

Bernardin-Béchet, q. des Grands-Augustins, 31.
Le Bailly, rue Cardinale, 2.
Hachette, boulevard Saint-Germain, 79.
Librairie agricole, rue Jacob, 26.
Magasin pittoresque, q. Grands-Augustins, 29.
Mahé, Livres rares anciens, et une collection complète de timbres-poste, rue de Clichy, 9.
Morel, Architecture, rue Bonaparte.
Lemerre, Librairie elzevirienne, pas. Choiseul.
Barba, Romans populaires, rue Christine, 7.
Barbré, Théâtre, boulevard Saint-Martin, 12.
Broussois et Cᵉ, rue Dupuytren, 4.
Schultz fils, rue de Seine, 12.
Delagrave (classiques), rue des Écoles, 58.
Dentu, galerie d'Orléans, 19 (Palais-Royal).
Furne, Jouvet et Cᵉ, rue Saint-André-des-Arts, 45.
Roret, rue Hautefeuille, 12.

Librairie de Mᵐᵉ Vᵉ LUNEL

Paris. — 4, rue de Nesle, 4 — Paris.

(Ancienne rue d'Anjou-Dauphine)

OUVRAGES DU DOCTEUR B. LUNEL

DICTIONNAIRE UNIVERSEL DES SECRETS

D'UNE APPLICATION SURE ET FACILE

Présentant, en outre, les procédés de conservation
des substances alimentaires et des boissons

Un volume grand in-8° à deux colonnes

PAR LE Dʳ B. LUNEL

Cinquième Edition, contenant 2,300 procédés. Prix : 10 fr.

TRAITÉ DES MALADIES DES CHEVEUX

4.000 PROCÉDES INDUSTRIELS
FORMULES, RECETTES

DICTIONNAIRE UNIVERSEL DE MÉDECINE
Ouvrage essentiellement pratique et complétement au
niveau de la science. — 4 vol. in-12, divisés en deux
tomes, avec Atlas d'anatomie.
Prix de l'ouvrage complet avec l'Atlas : 15 francs.

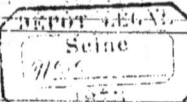

LA

MUSE INDUSTRIELLE

COUPLETS AU PUBLIC

PAROLES  ET MUSIQUE

PAR

ETIENNE DUCRET

PARIS

CHEZ L'AUTEUR : 64, RUE DE VAUGIRARD

LA MUSE INDUSTRIELLE

(COUPLETS AU PUBLIC)

Paroles et musique d'Etienne DUCRET

LA MUSE INDUSTRIELLE

(COUPLETS AU PUBLIC)

PAROLES ET MUSIQUE D'ÉTIENNE DUCRET

(Peut se chanter sur l'air de la *Valse de Giselle*.)

Puisqu'au *Veau d'or* il faut qu'on sacrifie,
En rapsodant ce que, sur tous les tons,
Chantent en chœur les *Rois de l'Industrie*,
On met, ici, l'Industrie en chansons...

Bon gré, mal gré, sèche ton œil qui pleure,
Nous qui chantions jadis : le gai Comus,
La Liberté, la Patrie,... à cette heure,
Muse,... *paulo minora canamus !*...

Console-toi,... si le sort t'agenouille
Devant l'autel de Mercure... humblement,
Plus d'un Hercule y fila sa quenouille... —
Vois, par ce temps de bouleversement,

Chez nous, que de *colonnes* renversées !
Et dans Paris, lamentable Ilion,
Qui n'a pas eu ses tristes odyssées :
Le Troubadour comme l'Agamemnon ? ..

Mais, après tout, ta Marotte grivoise
S'inflige-t-elle un indigne métier
En saluant sur sa harpe gauloise
Richard-Lenoir, Jacquart et *Parmentier ?*..

De ces grands noms, quand, chaque jour, la liste
S'illustre encor de mille noms nouveaux,
N'est-ce donc pas un devoir pour l'artiste
De leur voter au moins quelques bravos ?

Acclamons-les, car toujours l'Industrie
Fit du Progrès flotter les étendards :
Pour enrichir, pour embellir la vie,
Elle est l'émule et la sœur des Beaux-Arts !

A l'œuvre ! à l'œuvre ! ô ma Muse ouvrière !
Pour rendre hommage à *Fourcade*, à *Crépin*,
De ton caillou fais jaillir la lumière :
A ce labeur si tu gagnes ton pain...

Va sans rougir, laisse enfler ta grenouille :..
Homère, aveugle et vieux... ne fit-il pas,
Dans son réduit, un soir, rentrant bredouille,
Sa *Batracomiomachie ?*... hélas !...

Jasmin, Reboul, amis, vous qui vous faites
Du Caducée une Lyre,... aujourd'hui,
Applaudissez, industriels-poëtes,
Un chansonnier *marchand* bien malgré lui...

Peu soucieux de l'éloge et du blâme,
Amant quand même et du bien et du beau,
Pour rajeunir notre vieille Réclame,
Dans ma gaîté j'ai trempé mon pinceau !

Au bon Public, heureux pourvu qu'il rie,
A deux battants nos portes vont s'ouvrir :
Pour figurer dans notre galerie,
Entrez, Messieurs, et faites-vous servir !

Puisqu'au *Veau d'or* il faut qu'on sacrifie,
En rapsodant ce que, sur tous les tons,
Chantent en chœur les *Rois de l'Industrie*,
On met, ici, l'Industrie en chansons !

A MON AMI HENRI DUBOUCHET

ARTISTE PEINTRE ET GRAVEUR

SONNET

Au cœur du patient qu'il lacère et pressure
Quand le Pamphlet-Vautour, *unguibus et rostro,*
Fait lâchement métier d'arracher sa pâture;...
Quand l'*Industrie,* hélas! m'a mis sur le carreau,...

Pauvre Inventeur-mouton rasé par sa tonsure,
Si, bêlant ses bienfaits, — sans crier : au bourreau! .. —
A Mercure j'adresse éloge pour injure,
Pour qu'il me rende un peu de ma laine,... est-ce trop?...

Pour ses portraits, d'ailleurs, ma Muse aux doigts fidèles,
Parmi les gens de bien choisissant ses modèles,
Comme tu peins *Chloé* qui veut plaire à *Daphnis,*

Qu'elle soit tour à tour choyée ou dédaignée,
Elle poursuit son but, stoïque et résignée.
　　　Ut pictura Poesis!...

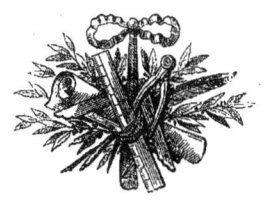

PARIS. — IMP. JULES LE CLERE ET Cie, RUE CASS. TTE, 29.

LES SPÉCIALITÉS EN VOGUE

LE

PAPIER BOURDEL

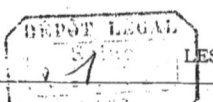

VÉGÉTO-CHIMIQUE-AGGLUTINATIF

Prospectus-Lyrique

Paroles et Musique par ÉTIENNE DUCRET

PARIS

CHEZ L'AUTEUR : 64, RUE DE VAUGIRARD

LE PAPIER BOURDEL

VÉGÉTO-CHIMIQUE-AGGLUTINATIF

Prospectus Lyrique

PAROLES ET MUSIQUE PAR ÉTIENNE DUCRET

Refrain.

Pour la Brûlure, l'Enge-lu-re, la Coupure et le Duril-lon, et la Ger-çu-re, l'É-cor-chure, le Papier Bourdel est

1er Couplet.

bon! Dans chaque Pharma-

ci-e, Pour tes bienfaits divers, Bourdel, on t'appré-ci-e quand viennent les hi-vers: Le remède

ef-fi-caco qui de mon doigt ge-lé re-fer-me la Crevasse, dans ton Pa-pier je l'ai: Pour la

LE PAPIER-BOURDEL

Paroles et musique par ÉTIENNE DUCRET

Peut se chanter sur l'air populaire de La FILLE DE Mme CANGOT

REFRAIN.

Pour : la BRULURE,
L'ENGELURE,
La COUPURE et le DURILLON,
L'ÉCORCHURE,
La GERÇURE,
Le PAPIER-BOURDEL est bon !

Dans chaque Pharmacie,
Pour tes bienfaits divers,
BOURDEL, on t'apprécie
Quand viennent les hivers.
Le remède *efficace*
Qui de mon Doigt gelé
Referme la CREVASSE,
Dans ton PAPIER.. je l'ai :
— Pour la BRULURE, etc.

Si la pâle Chlorose,
Au retour du printemps,
Fait bourgeonner, ma Rose,
Ton galbe de vingt ans,
De ce *bobo* morose
Qui jure à ton *Menton*,
Cette *Feuille de rose*
Me cache le BOUTON...
— Pour la BRULURE, etc.

Quand vos *Mains* peu chanceuses
Se sont *roussi* la chair,
Forgerons, Blanchisseuses,
Ce PAPIER vous est... cher ;
Babet, dans sa cuisine,
Lorsque ses *Pieds* mignons
Souffrent dans leur bottine,
Se l'arrange aux OIGNONS !...
— Pour la BRULURE, etc.

Le Soldat en bataille,
Le Chasseur, l'Artisan,
Le Raseur qui s'entaille,
Bourgeois ou Paysan,
Le Dandy, le Gavroche,
Doivent avoir, Oscar,
Ce PAPIER dans leur poche,
En cas d'accidents... car,
— Pour la BRULURE, etc.

Par son heureuse applique,
Puisque, pour notre bien,
Mieux qu'un bas élastique,
Mieux que la peau-de-chien,
Il guérit la VARICE,
Puisse-t-il, Dieu merci !
Guérir de... l'Avarice
Nos Harpagons aussi !
— Pour la BRULURE, etc.

Au diable : Bandelette,
Caoutchouc, Sparadrap,
Cordon, Sangle, Palette,
Baudruche et cœtera !
Son *Gluten* salutaire
Dégomme vos succès ;
Taffetas d'Angleterre,
Place au PAPIER français !
— Pour la BRULURE, etc.

Douce *Feuille* qu'accueille
Notre *Derme* souffrant,
Douze fois l'on te cueille
Avec un DEMI-FRANC !
Si, pour panser la PLAIE
De la France en défaut,
C'est du *Papier-Monnaie*
Et du Cœur qu'il nous faut,...
— Pour la BRULURE, etc.

Oui, sur mon *Cor* de chasse,
Je veux fêter encor
L'Homme qui du *Pied* chasse
L'ŒIL-DE-PERDRIX, le... COR.
Ce vainqueur du FURONCLE
Ayant chassé mon... CLOU,
Je cours avec mon oncle,
Lui chanter à SAINT-CLOUD :
— Pour la BRULURE, etc.

PAPIER BOURDEL

VÉGÉTO-CHIMIQUE-AGGLUTINATIF

DE

BOURDEL

PHARMACIEN

Fournisseur breveté de la Société Nationale des Sauveteurs médaillés du Gouvernement, etc.

Le **Papier Bourdel** fournit le meilleur moyen de guérir promptement et sûrement les : **Coupures, Ecorchures, Brûlures, Clous, Furoncles, Crevasses, Gerçures, Engelures, Cors aux Pieds, Œils-de-Perdrix, Oignons, Varices, Blessures d'armes à feu** et **Plaies** de toute nature.

Le **Papier Bourdel** s'emploie comme le Taffetas d'Angleterre.

On humecte légèrement le côté agglutinatif, qu'on place immédiatement sur les surfaces à recouvrir.

Lorsqu'on veut donner de la consistance au pansement, on applique l'une sur l'autre deux, trois ou quatre feuilles, en opérant comme pour la première feuille.

La transparence du **Papier Bourdel** est telle, qu'on ne s'aperçoit pas de sa présence sur la peau. Ce précieux avantage permet de guérir et de dissimuler les affections du visage, par l'emploi longtemps continué d'un procédé de guérison aussi simple qu'efficace.

Le **Papier Bourdel** doit être conservé à l'abri de l'humidité.

Le **Papier Bourdel** ayant donné lieu à de nombreuses et grossières contrefaçons, exiger sur chaque rouleau et sur chaque paquet la signature de l'inventeur.

Prix : Le Rouleau, 60 c.   Le Paquet de 12 Feuilles, 50 c.

Dépôt dans toutes les Pharmacies et Herboristeries de France et de l'Étranger.

Paris. — Imprimerie Jules Le Clere et Cie, rue Cassette, 29.

PLUS DE CHEVEUX BLANCS !

PAROLES

MUSIQUE

— Ma chère où prends-tu tes *fausses* nattes ?
— Pardon! ce sont mes *vrais* cheveux qui repoussent,
grâce au REGENERATEUR RECLUZ !.....

PAR

ÉTIENNE DUCRET

PARIS

CHEZ L'AUTEUR : 64, RUE DE VAUGIRARD

PLUS DE CHEVEUX BLANCS !

Paroles et Musique par ETIENNE DUCRET

Fils de Phœ-busaux blonds che-veux, Au crin - crin de ma ly - re, Mes-da - mes et Messieurs, je veux En mu - si-que vous di - re : « Pour a- voir des che-veux bon teint, Pre-nez de cette Eau chaque ma-tin ; Pre-nez de cette Eau cha-que ma - tin, Et sui - vez ma re-cet - te !... »

PLUS DE CHEVEUX BLANCS !

PAROLES et MUSIQUE par ÉTIENNE DUCRET

Peut se chanter sur l'air de : LA BOULANGÈRE

Fils de Phœbus aux *blonds cheveux*,
　　Au *crincrin* de ma lyre,
Mesdames et Messieurs, je veux
　　En musique vous dire:
« Pour avoir des cheveux bon teint,
　　Prenez de cette
　　Eau chaque matin,
Et suivez ma recette !... »

La Tête étant un pot de fleur
　　Qui, tout comme la rose,
Se *défeuille* quand, par malheur,
　　Personne ne l'*arrose*,
Pour garder vos cheveux bon teint,
　　Avec de cette
　　Eau chaque matin,
Arrosez-vous la tête !

Sans attendre que, fil à fil,
　　Tombe votre coiffure,
Femmes au gracieux profil,
　　Oh ! je vous en conjure :
Pour qu'elle soit toujours bon teint,
　　Avec de cette
　　Eau chaque matin,
Frottez-vous-bien la tête.

Sans pommade, sans aria,
　　Sans douleur,... au contraire,
Cette Eau bénie et chérie a
　　Le don de nous refaire :
En s'en mettant chaque matin,
　　A la baguette
On peut, c'est certain,
　　Se rajeunir la tête !...

Est-on : *châtain, blond, roux* ou *brun* ?
　　La seule *eau* qui *ravive*,
Conserve et *redonne à chacun*
　　Sa couleur primitive,
L'Eau du salut, c'est, blague à part,
　　Cette Eau-parfaite ;
　　Et j'en use, car...
Il y va de... ma tête !

Plus de *cheveux blancs !* — Amis, dont
　　L'*âge*, un *bobo*, que sais-je ?
Les *veilles* ou les *chagrins* ont
　　Couvert le front de... neige,
Par elle nous pourrons au sort
　　Faire risette
　　Encor !... mais d'abord,
Oignons-nous-en la tête !

Sur un menton rébarbatif
　　Son onction joyeuse
Rend la *barbe*, c'est positif,
　　On ne peut plus soyeuse !...
Ce bourru qu'on fuit et qu'on craint
　　Change de tête,
　　Et devient moins... crin
Depuis qu'il en achète !

Puisqu'à l'Homme heureux ou marri
　　Elle convient, Bichette,
Si le chef de votre Mari
　　Grisonne et se déjette,
De ce spécifique divin
　　Faites emplète,
　　Et, soir et matin,
Bichonnez-lui la tête !

D'où jaillit cette Eau de Beauté ?
　　Eh, parbleu ! de Jouvence !
Pour éprouver la vérité
　　De ce qu'ici j'avance,
Cette Eau, pour le bien qu'elle atteint,
　　N'étant *pas chère*,
　　Il faut, ce matin,
En essayer, ma chère !...

Eau céleste, si d'autres Eaux
　　L'action *corrosive*
Ne *teint* qu'en *brûlant* les cerveaux,
　　La tienne *inoffensive*,
Comme ta rue, ô bon Récluz,
　　Sans acide,
　　A toutes les vertus,...
Grâces à Saint-Placide !

Plus de Rides! — Plus de Cheveux blancs! Plus de Têtes chauves! — Plus de Taches de rousseur!...

FRAICHEUR, JEUNESSE, BEAUTÉ

A
C. RÉCLUZ
PHARMACIEN
1829

C. RÉCLUZ
1830

SOCIÉTÉ
DE CHIMIE
MÉDICALE
DE PARIS

CONSERVÉES OU RENDUES

PAR LES

PRODUITS PERFECTIONNÉS

Préparés d'après la formule de M. C. RÉCLUZ,

ANCIEN PHARMACIEN DE PREMIÈRE CLASSE; MEMBRE DE PLUSIEURS SOCIÉTÉS SAVANTES ;
AUTEUR DE NOMBREUX ÉCRITS SUR LA PHARMACIE, LA CHIMIE ET L'HISTOIRE NATURELLE; HONORÉ DE PLUSIEURS MÉDAILLES

Fabrique et Maison de Vente, chez Madame Vᵉ RECLUZ, rue Saint-Placide, 58 (au 1ᵉʳ)
Médaille d'argent à l'Exposition de Paris, 1875.

Ces *précieuses* préparations dont le Succès, attesté par de nombreux certificats, augmente chaque jour, depuis 20 ANNÉES, se recommandent :
Aux VIEILLARDS qui veulent recouvrer, *à peu de frais*, toutes les grâces de la *Jeunesse;* et aux JEUNES GENS, dont les *veilles*, les *chagrins*, les *maladies* ont BLANCHI la tête avant l'âge, DÉNUDÉ le crâne, ou couvert le visage de RIDES précoces, taches de ROUSSEUR, *feux*, *boutons*, etc.

HYGIÈNE DE LA TÊTE

Le Régénérateur capillaire (*sans acide* ni *teinture*) rend aux cheveux *gris* ou *blancs* leur COULEUR PRIMITIVE, arrête leur chute, dissipe les névralgies et maux de tête. le flacon. ... 5 fr. »»

La Foncine, hâte et complète les effets du *Régénérateur* pour les cheveux de teinte foncée. ... 5 fr. »»

L'EAU-PHILOCOSMINE, est spéciale pour régénérer la barbe, qu'elle maintient luisante et souple, ... 6 fr. »»

La Pommade Philocosmine, lustre, parfume et conserve la chevelure, le pot. ... 2 fr. »»

L'huile Péruvienne, souverain spécifique contre la CALVITIE. ... 3 fr. 50

L'eau Expolite détruit les pellicules qui encrassent la tête, dissipe les démangeaisons, prévient la chute et provoque la pousse des cheveux. ... 2 fr. 50

SOINS DU VISAGE

L'Antirugine efface et prévient les rides, conserve le velouté du teint et fortifie la vue. ... 3 fr. 50

L'EXTRAIT DE FLEURS D'AGROCA, (*parfum circassien*) fraîcheur et pureté de la peau. ... 2 fr. 50

L'Eau du célèbre docteur Huffeland, dissipe les taches de *rousseur*, éphélides, lentilles etc. ... 3 fr. »»

Le Cold-Cream au Bismuth, supérieur à toutes les *poudres de Riz*, qui dessèchent l'épiderme. ... 2 fr. »»

L'eau JOUVENCINE, remplace avantageusement le savon de toilette, et donne à la peau le velouté, l'éclat et la beauté. ... 2 fr. »»

L'EAU DENTIFRICE RECLUZ parfume l'haleine, raffermit les gencives arrête la carie et les maux de dents. ... 1 fr. 50

Pour la TOILETTE; rien ne vaut l'extrait double d'EAU DE COLOGNE RÉCLUZ rectifiée. ... 1 fr. 50

Chaque flacon, revêtu de la SIGNATURE DE L'INVENTEUR, porte une étiquette expliquant le mode d'emploi.

DEPOTS CHEZ :

M. PERROT, pharm.—58, r. St-Placide, Paris.
Mˡˡᵉ GRIFFON. — rue Saint-Nizier, Lyon.
Mᵐᵉ LEDOUX. — 36, rue de Paris, id.

Mᵐᵉˢ Vᵉ FORNIER. — 45, rue Lafayette, Paris.
M. BUZON, coiff. 48, rue des Granges, Besançon.
Mᵐᵉˢ TISSERAND Sœurs, 75, Grand'Rue, id.

Et chez les principaux Coiffeurs, Parfumeurs, etc.

Marque |J.J.R.| déposée

TRINQUART, PHOTOGRAPHE

PAR

ÉTIENNE DUCRET

Air de : *La Tentation de Saint-Antoine.*

REFRAIN

Quel cri d'alarme exhalent,
Oscar,
Tous nos grands *Photographes !... Car*
Ja-mais leurs *portraits* ne valent
Le quart
De ceux qu'avec art
Nous fait TRINQUART !

De PORT-MAHON la
RUE attira
Près de l'Opéra
L'habile *Peintre* que voilà ;
De ce choix-là
Bien il se trouva :
O *Portrait-Carte,* ah!
Ce nom *Carta*-ginois te va...

Ah! — quel cri d'alarme, etc.

LUI-MÊME, gaîment,
En un moment,
Il vous pose,.. et, v'lan !
On est sûr d'être *ressemblant...*
Chez lui, c'est charmant :
Le cœur aimant
Goûte l'agrément
De payer à TEMPÉRAMENT...

Ah! — quel cri d'alarme, etc.

En Gros, en Détail,
Sans attirail,
De son gai sérail
La Foule enjambe le portail...
La Dame, en camail,
Vient, sur EMAIL,
Du quartier du Mail,
Se faire faire un beau travail...

Ah! — quel cri d'alarme etc.,

L'Amant expansif,
L'Epoux rétif,
Le Troupier naïf,
Le Pontife romain ou juif;
Marquise à l'œil vif,
Gueux sans actif,
Le court, le long pif
Se groupent sous son objectif...

Ah! — quel cri d'alarme, etc.

Pour *saisir* le portrait,
Trait pour trait,
Du Jobard distrait,
Du *bébé* qui gigoterait,
Nul ne saurait,
A ce qu'il paraît,
Le dégoter; vrai!
TRINQUART *seul* en a le secret.

Ah! — quel cri d'alarme, etc.

Puisqu'il conduit
Phœbus aujourd'hui,
Le jour à la nuit
Doit succéder;... et, sans ennui,
Tous les Couards, qui
Jadis ont fui
Devant l'Ennemi,
Ici, sont DÉGRADÉS par lui...

Ah! — quel cri d'alarme, etc.

D'avoir bien été
Représenté
Je suis enchanté...
Gloire à TRINQUART !.. en vérité
De tout côté
Son nom est fêté...
Reine de beauté,
TRINQUE, ART-hémise, à sa santé !

Ah! — quel cri d'alarme, etc.

PRINCIPAUX ARTISTES PHOTOGRAPHES

ALLEVY. 23, faubourg Saint-Denis.
ANDRIEU. 91, boulevard Sébastopol.
ARTHUR-CHEVALIER. 158, galerie de Valois.
APPERT. 24, rue Taibout.
AUGÉ. 14, boulevard du Temple.
BACARD. 31, boulevard Bonne-Nouvelle.
BAILLY. 1, boulevard de Strasbourg.
BALARD. 14, rue Castiglione.
BALDUS. 17, rue d'Assas.
BARENNE. 155, faubourg Saint-Honoré.
BARON. 82, rue Rambuteau.
BERTALL. 33, rue Boissy-d'Anglas.
BLOCK. 91, boulevard Sébastopol.
BONDONNEAU. 10, boulevard Montmartre.
BLANC. 11, rue de Buci.
BRANCHE. 16, place Dauphine.
BRIANÇON. 128, faubourg du Temple.
BUGUET. 5, boulevard Montmartre.
BUREAU. 44, galerie Montpensier.
CAREY. 43, rue du Bac.
CARJAT. 10, rue Notre-Dame-de-Lorette.
CARLE. 45, boulevard Saint-Michel.
CHAPPELART. 23, rue Sainte-Anne.
COLLARD. 54, faubourg Saint-Denis.
COURTHEOUX. 112, rue Lafayette.
CROSNIER. 41, boulevard de Strasbourg.
DANGUY. 15, place de la Bourse.
DELMAET et DURANDELLE. 4, faub. Montmartre.
DESROCHES. 22, rue Saint-Sulpice.
DISDÉRI. 8, boulevard des Italiens.
DUJARDIN. 28, rue Vavin.
FALCON. 163, boulevard Montparnasse.
FERNIQUE. 31, rue de Fleurus.
FERRIER père et SOULIER. 113, boul. Sébastopol.
FONTAINE. 35, boulevard des Capucines.
FOUCHER. 116, galerie de Valois.
FRANCK. 18, rue Vivienne.
GALLOT. 1, boulevard Beaumarchais.
GASTON et MATHIEU. 40, boul. Bonne-Nouvelle.
GATEL. 173, galerie de Valois.
GOUPIL. 9, boulevard Montmartre.
GOUGENHEIM et FOREST. 10, rue Croix-des-Petits-Champs.

GRAFFE. 11, place Saint-André-des-Arts.
GBAVET. 6, rue Montesquieu.
HEMART et BONNEAU. 151, boul. Montparnasse.
LADREY. 5 bis, boulevard des Italiens.
LANGEROCK. 29, boulevard des Italiens.
LAPLAUD. 15 et 17, rue des Martyrs.
LEBERT. 21, rue de Sèvres.
LEBOUCHÉ. 7, quai Conti.
LEBRUN. 65, rue du Bac.
LEGROS. 116, galerie de Valois.
LEMARQUANT. 11, boulevard des Italiens.
LEMONNIER. 10, boulevard des Italiens.
LESAVRE. 14, rue Saint-Lazare.
LIOUVILLE. 111, rue de l'Ecole-de-Médecine.
MARRE-LEBRET. 10, boulevard des Italiens.
NADAR. 51, rue d'Anjou Saint-Honoré.
PANNELIER. 82, chaussée du Maine.
PERICHET. 17, rue Vavin.
PESTEL. 2, boulevard Beaumarchais.
PILLON-CORCYRE. 31, Croix-des-Petits-Champs.
Pierre PETIT. 31, place Cadet.
PINEL-PESCHARDIÈRE. 102, rue Richelieu.
PIROU. 1, boulevard Saint-Germain.
PREVOT. 24, rue du Quatre-Septembre.
QUINET. 42, rue Cadet.
RAPHAËL. 15, rue Drouot.
REIGNER. 7, place Valois.
REUTLINGER. 112, rue Richelieu.
Th. SAGLIO. 4, rue Frochot.
SAMSON. 74, rue Bonaparte.
SCANAGATTI. 7, rue Vivienne.
SOULIER. 141, boulevard Sébastopol.
THIERRY. 41, chaussée d'Antin.
TOURANCHET. 17, rue de la Paix.
TRINQUART. 10, rue du Port-Mahon.
ULRIC-GROB. 256, rue de Vaugirard.
VALETTE. 39, rue de Seine.
VAUVRAY. 48, rue Vivienne.
VERNEUIL. 34, rue Dauphine.
VIBIEN-GOLVIN. 9, passage Jouffroy.
VIGÉ. 103, rue de l'École-de-Médecine.
ZALKIND et DUPONT. 8, boulevard de Strasbourg.
ZIEGLER et Cⁱᵉ. 35, boulevard des Capucines.

LE SCÉNOGRAPHE

PAROLES ET MUSIQUE PAR **ÉTIENNE DUCRET**

(Peut se chanter sur l'air : SATAN DIT UN JOUR A SES PAIRS...)

REFRAIN.

Par cet heureux système
Chaque Photographe-apprenti
Peut opérer *Lui-même,*
Comme PIERRE PETIT !

Puisqu'elle est fille d'Apollon,
　Sœur de la Poésie,
Muse, essayons une chanson
　Sur la PHOTOGRAPHIE...
De son *nouvel appareil*
Chantons l'effet sans pareil.
— Par cet heureux système, etc.

Or, PIERRE PETIT lui-même est
　De la *Chanson Française*
L'Illustrateur : ce qui me met
　Avec lui fort à l'aise...
Est-ce la faute, après tout,
A CANDÈZE si partout,
— Par cet heureux système, etc.

L'Héliographique instrument
　Était plein de mystère ;
Pour rendre cet Art d'agrément
　Utile et populaire,
Ce savant docteur jarni !
A trouvé la *pie-au-nid* :
— Par cet heureux système, etc.

Ce prodige qu'il opéra,...
　(Son adresse est connue,)
S'exhibe près de l'Opéra,
　Trente-cinq dans la rue
Du *Quatre-Septembre*... aussi
Le Public s'ecrie : « Ici,
— Par cet heureux système, etc.

De CANDÈZE, riant, coquet,
　Aux champs, sous la charmille,
L'Appareil *économique* est
　Un *jouet de famille*...
Car, pour ses *cinquante francs,*
Sous les yeux de ses parents...
— Par cet heureux système,|etc.

Pourtant, cet Appareil n'est pas
　Du tout un badinage :
Il m'a rendu, dans certain cas,
　La paix dans mon ménage...
Je bénis cet instrument,
Et vous allez voir comment,
— Par cet heureux système, etc.

Sur ma *Mégère* (quand son poing
　De menaces m'assiége)
Braquant mon *objectif* au point :
　« Halte-là ! lui crié-je...
Si tu bouges !!! » — Elle rit,...
Puis, embrasse son mari !...
— Par ce joyeux système, etc.

Dans la chambrette, le *salon,*
　En *ballade*, en *voyage,*
Sur *terre*, en *mer*, voire en *ballon,*
　Avec ce doux bagage,
Public mon ami, tu vois
Que, sans se *tacher les doigts*,
— Par cet heureux système, etc.

Tombes, Berceaux, lilas, cyprès,
　Souvenirs, têtes chères,
Sites, dessins, tableaux , portraits
　De nos sœurs, de nos mères :
Tout ce dont la vue au cœur
Jette un reflet de bonheur...
— Par cet heureux système, etc.

De l'IMPRIMEUSE RAGUENEAU
　Troubadour typographe,
Devenu, comme *Rabineau,*
　Chansonnier photographe,
A mon confrère *Baillet*
Je conseille cet objet :
— Par cet heureux système, etc.

A la cantine, Brindamour
　Fait *poser* sa Jeannette ;
La *Pose* est à l'ordre du jour,
　Bah ! si ma chansonnette,
Messieurs, vous a fait... *poser,*
C'était pour vous exposer :....
— Que, grâce à ce système, etc.

SPÉCIALITÉS CONCERNANT LA PHOTOGRAPHIE